轨道交通特色经济管理论丛

基于"资源流－价值流"的我国铁路会计信息质量优化研究

门　璐　郭雪萌　李红昌　著

北京交通大学出版社

·北京·

内 容 简 介

伴随着我国铁路产业的快速发展，铁路网规模持续扩大，铁路业务、技术和管理不断创新。在国企改革和高铁"走出去"战略重大背景下，铁路运输企业需要进一步开展市场化改革，创新投融资模式，实现可持续发展。这都对铁路运输企业会计信息质量提出了更高要求。

新形势下铁路行业固有属性和非固有属性对铁路会计信息质量形成了重大影响。本书以铁路"资源流－价值流"为基础，结合铁路产业基本属性和生产流程分析，以铁路运输会计信息生成过程为主线，按照铁路"产业属性－资源价值流－会计信息质量"的逻辑思路，采用以铁路生产和工艺流程为基础的研究方法，对铁路会计信息质量"资源流－价值流"形成机理、固有属性与非固有属性对铁路会计信息质量的传导机制，以及铁路运输会计信息质量优化路径展开系统性研究，并针对铁路关联交易、专用性资产、货运收入清算、运输成本清算这四个重点领域的会计信息质量展开研究。

本书为改善我国铁路产业会计信息质量理论和实际操作体系提供了新的视角，为我国铁路产业改革和国家战略实施提供了理论支持。本书主要适用于铁路财会工作者阅读，也可以作为会计专业研究生的拓展学习资料。

图书在版编目（CIP）数据

基于"资源流－价值流"的我国铁路会计信息质量优化研究/门璐，郭雪萌，李红昌著. —北京：北京交通大学出版社，2021.11
（轨道交通特色经济管理论丛）
ISBN 978－7－5121－4524－5

Ⅰ．① 基… Ⅱ．① 门… ② 郭… ③ 李…Ⅲ．① 铁路企业-会计信息-研究-中国 Ⅳ．① F532.6

中国版本图书馆 CIP 数据核字（2021）第 146894 号

基于"资源流－价值流"的我国铁路会计信息质量优化研究
JIYU "ZIYUANLIU－JIAZHILIU" DE WOGUO TIELU KUAIJI XINXI ZHILIANG YOUHUA YANJIU

责任编辑：严慧明　　特约编辑：师红云
出版发行：北京交通大学出版社　电话：010-51686414　http://www.bjtup.com.cn
地　　址：北京市海淀区高梁桥斜街44号　　　　　　邮编：100044
印 刷 者：艺堂印刷（天津）有限公司
经　　销：全国新华书店
开　　本：165 mm×237 mm　　印张：13　　字数：164 千字
版 印 次：2021 年 11 月第 1 版　　2021 年 11 月第 1 次印刷
定　　价：49.90 元

丛书编委会成员

顾　问　施仲衡　宋敏华　仲建华　肖　序　韩宝明
　　　　徐勇烈
主　任　郭雪萌
副主任　李红昌　门　瑢　谷增军　王　丹　张　瑶
成员（按姓氏拼音顺序）
　　　　卜　伟　陈炳尧　冯钰婷　谷增军　郭雪萌
　　　　郝璐璐　胡　煜　李红昌　刘　畅　刘剑文
　　　　门　瑢　孟　为　秦宇飞　王　丹　王家康
　　　　王卓君　魏泊芦　许婴鹏　杨　蓉　张　侃
　　　　张启明　张　瑶　郑　雷

丛书总序

　　中国正在建设世界上规模最大的高速铁路、城际铁路、市域铁路和城市轨道交通网络系统，这必将给中国的城市化发展带来深远影响，对提升中国的城市竞争力及经济社会发展水平有着十分重要的理论和现实意义。随着轨道交通的快速发展，一方面，出现了城市如何适应城市轨道交通发展、实现"建地铁就是建城市"的战略构想；另一方面，轨道交通的规划、投资、建设、运营、经营、装备制造、技术等问题也随之涌现。在城市日益成为中国经济社会发展动力源泉的时代背景下，只有进行轨道交通的"全域创新"，从制度、机制、体制、投融资、技术等方面全面推进轨道交通领域的创新，切实解决好轨道交通领域面临的各种现实困难与问题，才能促进轨道交通领域运营效率的提升和经营绩效的提高，才能更好地助力国家和城市发展战略规划的落地，从而才能更好地实现中国经济社会的发展和"中国梦"的实现。

　　从广义上来看，轨道交通是包括城市轨道交通（地铁、轻轨、跨座式单轨、磁悬浮等不同技术制式）、市域铁路、城际铁路和高速铁路在内的集合体。随着城市功能逐渐由城市中心和多中心向周边城市及省区的发展，轨道交通也逐渐承载了发展戈特曼意义上的城市群和城市带的重要职能。目前，中国城市和城市群的发展已经到了跨越行政区边界的阶段，城市经济、社会、文化、科技的发展，一方面，需要与城市内部组团之间形成相互支撑关系，以形成城市专业化和多样化的集聚经济；另一方面，更需要与区域经济及毗邻城市乃至国家和国际范畴内的都市圈形成紧密的一体化关系，以充分发挥区域间的分工协作优势和更大范围内的市场潜力作用。

在这一不可逆转的城市化发展历史进程中，大量的资金、技术、人才、土地等稀缺资源快速向核心城市和卫星城市集中，并产生了对交通尤其是各种制式轨道交通的旺盛需求。纵观国内外发展较好的大都市区或城市群，大多形成了建立在轨道交通上的发展模式，有些国家和地区甚至提出了"快轨车站城市"的规划理念并付诸实践。轨道交通已经成为降低城市出行成本、提高城市运转效率、保护生态环境、建设宜居城市的必要条件。可以说，轨道交通已经成为城市和城市群发展的奠基石，已经成为政府和市场交融创新的实验田，已经成为现代技术应用的绝佳场域，已经成为宏观经济政策、产业政策和微观管理政策变革的载体，已经成为经济管理理论和方法创新的宝库，已经成为理念、理论、实践、政策互动发展的平台。

中国已经发展到工业化、城镇化、运输化的中后期阶段，城市已经成为国家经济社会发展的重要增长极和动力源。其中，中国的轨道交通取得了举世瞩目的成就和发展。中国的高速铁路总营业里程已经跃居世界第一，"和谐号""复兴号"高速动车组具有全部自主知识产权，成为引领中国经济和科技进步的重要抓手；中国城市铁路的发展方兴未艾，珠三角经济圈、长三角经济圈、京津冀经济圈等数十个国家级城市圈陆续形成，城际轨道交通发展规划不断形成和得到审批；中国的城市轨道交通建设和规划里程成为全世界关注的重大工程，不仅为装备制造、物联网、互联网＋、智慧交通、以公共交通为导向的开发（transit-oriented development，TOD）等提供了坚实的运输资源支撑，而且也为新型技术制式和管理模式的探索与创新提供了独一无二的舞台。

中国轨道交通实践的快速发展进程亟须对相应的轨道交通特色经济管理理论和方法进行总结、概括、提炼、提升与创新。"轨道交通特色经济管理理论丛"写作和出版的构想就是在这一特殊的中国城市化发展进程中提出的。它的理论脉络可以追溯到亚当·斯密、马歇尔、杜彼特等时代，不仅可以在古典经济学、新古典经济学、现代经济学及相应的管理理论上得到体现，也可以在现代轨道交通的投融资理论、外部性理论、TOD 理论、人力资本理论、价值捕获理论、网络形态理论、管制理论、时空经济理论、PPP（public private partnership，公共私营合作制）理论、资源流－价值流理论等中得到全面展示。基于城市化发展的中国轨道交通发展所呈现出来的理论机遇、方法机遇、案例机遇，都是世界范围内前所未有的，都是激动人心的，都是值得深入挖掘的。这就是"轨道交通特色经济管理理论丛"的写作动机和初衷所在。

在理论机遇方面，轨道交通不仅是现代经济管理理论应用的对象，更是对传统经济管理理论进行创新的源泉。首先，轨道交通提供的是无形的位移运输产品，其产品具有不可储存性，其生产和消费过程具有同一性，从而导致轨道交通调度指挥、通信信号、电力供应、人员配套等必须按照高度"自律系统"的要求进行资源配置，单纯的市场经济交易原则已经不能适应轨道交通发展的需要。其次，轨道交通服务的对象包括旅客、货主、城市居民及城市功能、区域经济和国民经济的发展，很少有企业像城市轨道交通那样，在制定发展战略时，需要综合考虑内外部各种因素，既要服务于轨道交通自身的可持续发展，又要充分发挥其对城市和区域经济乃至国民经济的支撑和拉动作用，这就是"建地铁就是建城市""建地铁就是提升城市价值""建地铁是百年工程"等判断的理论依据。再次，城市轨道交通涉及但不限于规划、设计、投融资、建设、运营、经营等多个环节，涉及多个利益相关者，可以采取多种多样的 PPP 模式。在这一过程中，如何实现"多规合一",如何实现票务资源和非票务资源的协同开发,如何实现政府与市场的有机互动,如何实现轨道、产业、城市的循环互动,如何打造地铁特色的文化形态等,都具有十分重大的理论意义。最后,城市轨道交通一方面会涉及投融资理论、技术经济理论、财务会计理论、管理理论、经济学理论等,另一方面也会形成独特的轨道交通元素流-业务流-价值流理论、成本核算理论、"土地+轨道"综合开发理论、政治关联理论、政策创新理论等,不一而足。

在方法机遇方面,轨道交通领域是很多现代经济管理方法甚至是技术方法的实验"靶场"。由于轨道交通的发展,使得网络协同技术、联调联试技术、CBTC(communication-based train control system,基于通信的列车自动控制系统)技术、能量回馈技术、云轨技术、物联网技术、智慧交通技术、综合交通技术、通信信号技术、工务维修技术、车辆运营编组技术、现代装备制造技术、综合运营管理技术、云计算技术等,都有了很好的实践和应用场所。回顾过去轨道交通发展的历史,我国已经形成了自成体系的城市轨道交通工业体系,以及相应的工程技术、管理技术、经济技术等。此外,由于中国庞大的轨道交通发展体量和市场规模,已经开始孕育出方方面面的方法和机遇,为政策制定者、城市管理者、科技工作者、工程建设者、文化创作者等进行"全域创新"提供了难得的际遇。

在案例机遇方面,中国城市众多,地域复杂,文化多样,条件各异,在轨道交通理念、理论、模式、方法、实践、政策等各个方面精彩纷呈,各有千秋。目前,北京采取了投资、建设、运营"三分开"体制,上海、广州、深圳采取了集团公司模式,徐州1、2、3号线采取了PPP模式,高铁新城、城际星城、地铁小镇、上盖物业、地下商城等案例更是层出不穷。在技术上,如何实现运营成本的降低;在财务上,如何防止轨道交通出现债务风险，实现可持续发展；在经济上，如何实现外部效益最大化，促进城市竞争力的提升；在政策上，如何创新规划、土地、工商、税收、人力资源、户籍、科技等政策，发挥制度创新优势等，均有相应的轨道交通发展案例作为经验支撑。

北京交通大学经济管理学科起源于清政府时期设立的铁路管理传习所，这是中国最早的以轨道交通为特色的商科院校。北京交通大学经济管理学科近年来在高速铁路、城际铁路、市域铁路、城市轨道交通领域的经济管理研究过程中取得了国内外同行广泛关注的优秀成果。按照"传承历史传统，承载现代使命，发展轨道交通，改善社会福祉"的原则，我们将陆续出版"轨道交通特色经济管理论丛"，旨在鼓励包括北京交通大学在内的国内外研究学者把理论和实践成果以著述的形式留存下来，不仅展示轨道交通领域经济管理研究的成果，更希望能够与国际上先进的轨道交通经济管理理论和方法有机地结合起来，促进我国轨道交通经济管理理论和方法的不断发展。

"轨道交通特色经济管理论丛"的作者包括国内外轨道交通行业的专家、学者、从业人员、在校博士研究生和硕士研究生。我们希望本论丛成为聚集轨道交通经济管理发展智慧、促进"知行合一"的知识传播媒体。我们特别感谢北京交通大学经济管理学院、基础产业研究中心和北京交通发展研究基地提供的良好的研究环境，感谢北京交通大学出版社的编辑们付出的辛勤劳动。由于相关管理人员、出版人员和行业专家的大力支持和帮助，本丛书终于能够付梓。本丛书的阅读对象是理论研究者、政策制定者、管理者及高校相关专业的师生。

2021 年 5 月
于北京交通大学

V

前　　言

　　国际标准化组织将质量定义为产品、服务所拥有的，并能用以鉴别其是否合乎规定要求的一切特性和特征的总和。会计信息质量特征的演变过程大体经历了以使用者需要为目标、股东和投资人保护为目标以及将两者结合在一起的三个阶段。在铁路产业快速发展、国企改革和高铁"走出去"战略重大背景下，铁路运输企业在进一步开展市场化改革，创新投融资模式，实现可持续发展中面临着对高质量会计信息的要求。本书全面运用经济学、管理学和会计学理论，深入剖析铁路产业独特的经济属性对铁路会计信息质量形成机理产生的重大影响，并结合铁路经营管理的现状和利益相关者的需求具体分析铁路会计信息质量问题所在和提升路径。本书可为铁路和交通运输财务会计和管理工作及研究提供参考和借鉴。

　　本书研究的独特性和成果主要体现在以下三个方面。

　　第一，建立了铁路"产业属性－资源价值流－会计信息质量"系统机制，探究了基于铁路产业属性和生产工程流程的会计信息质量传导机制与优化路径，为改善我国铁路产业会计信息质量理论和实际操作体系提供了新的视角，为中国铁路产业改革和国家战略实施提供了理论支持。

　　第二，构建了铁路运输会计信息质量特征框架，从而明确了铁路产业属性下会计信息质量评价的具体标准。铁路运输会计信息质量特征主要由真实性、相关性、可比性、谨慎性、透明度构成。以此为基础，本书设计了三级多维度评价指标体系，定量评测了铁路运输会计信息质量现状。这为铁路会计信息质量问题的分析及其优化路径的研究提供了一定的现实支撑。

第三，针对铁路关联交易、专用性资产、货运收入清算、运输成本四个重点领域，阐明了产业属性与会计信息质量之间的传导机制，并指明了优化路径，从而系统地、全面地揭示了提升铁路会计信息质量的关键所在。铁路网络性基础产业（industry with network characteristics）的固有属性是影响铁路关联交易、专用性资产、货运收入和运输成本清算会计信息质量的根本原因。为提高铁路会计信息质量，要重点解决如下问题：委托运营模式下关联交易定价不合理、信息披露不透明等；专用性资产主要存在估值难、无形资产确认不充分等；货运清算收入存在清算单价不合理；成本核算比较粗放、预算管理下存在着盈余管理等问题。本书分别设计了优化路径，用于促进铁路产业体制的改革和会计信息质量的提升。

本书内容分为九章阐述。第一章为导论，简述了本书的研究背景、研究问题、研究思路等。第二章为基础理论与文献综述。第三章研究了我国铁路会计信息质量特征框架的构建与应用。第四章为铁路产业属性对会计信息质量的作用机理及优化路径，研究构建了铁路"产业属性－资源价值流－会计信息质量"机理分析系统，建立了铁路"资源流－价值流"的价值流和信息流的传导机制、铁路"资源价值流－会计信息"会计信息生成机制、铁路"产业属性－会计信息质量"的决定机制。第五章为关联交易的会计信息质量优化研究，阐述了铁路内部关联交易类型及会计核算模式，分析了"网络性－关联交易－铁路会计信息质量"的传导，并针对关联交易会计信息质量提出了优化路径。第六章为专用性资产的会计信息质量优化研究，阐述了铁路专用性资产类型与会计核算模式，分析了"专用性－确认与计量－铁路会计信息质量"的传导，并提出了铁路专用性资产会计信息质量的优化路径。第七章为货运清算收入的会计信息质量优化研究，阐述了现行货运收入清算制度和货运收入的确认与计量办法，分析了"货运清算规程－确认与计量－铁路会计信息质量"的传导，并阐明了优化路径。第八章为运输成本的会计信息质量优化研究，分析了"预算管理－确认与计量－铁路会计信息质量"的传导，并阐明了优化路径。第九章为结论与建议，总结了主要研究内容和结论，并提出政策建议。

本书在撰写过程中获得了许多方面的帮助和支持。非常感谢北京交通大学李红昌教授，他卓越的科学研究能力和大力支持促进了本书的改进。非常感谢中南大学肖序教授，他广阔的会计视野、高屋建瓴的学术观点和热心助人的品质促进了本书撰写。感谢中央财经大学孟焰教授和北京交通大学马忠教授、崔永梅教授、叶龙教授，他们对本书都提出了许多宝贵的意见。最后，由衷感谢团队谷增军、许婴鹏、梁彭等学生的无私帮助。

由于作者水平有限，书中难免存在不足之处，恳请读者批评指正。

作者
2021 年 3 月

目　录

第一章

导　论

第一节　研究背景

一、我国铁路产业快速发展亟须资本市场支撑背景

作为基础产业，铁路在国民经济体系中占有至关重要的地位。近年来，伴随我国经济的大幅度增长，铁路投资和运营规模也快速增加。表 1－1 为 2009—2020 年我国铁路运营里程与固定资产投资数据，从中可以看到，我国铁路运营里程逐年增长，到 2020 年运营里程已达 140 000 km，固定资产投资达到 7 819 亿元，铁路运输能力得到了较大的提升。

表 1-1   2009—2020 年我国铁路运营里程与固定资产投资数据

年份	运营里程/km	固定资产投资/亿元
2020	140 000	7 819
2019	139 800	8 029
2018	131 700	8 028
2017	127 000	8 010
2016	124 000	7 900.31
2015	121 000	8 200
2014	120 000	8 088
2013	103 000	6 638.32
2012	98 000	6 309.8
2011	93 000	5 897.32
2010	91 000	8 235
2009	86 000	7 013.21

数据来源：中国国家铁路集团有限公司官网、国家铁路局官网。

然而，随着我国铁路运营里程和固定资产投资的增加，铁路总体的财务状况却不容乐观。依据《中国铁路总公司 2019 年一季度审计报告》和《中国铁路总公司 2018 年财务报告》显示，截至 2019 年 3 月末，中国铁路总公司负债总额为 5.27 万亿元。较 2018 年同期的 5.04 万亿元增加 4.56%，负债率微增至 65.63%。面对如此庞大的资金量，单纯依靠银行贷款难以满足铁路资金需求，亟须拓展多层次的资金来源。从铁路运输业的投资价值视角来看，铁路具有一定的长期投资价值。首先，城市化速度加快，配套的基础设施需要提速发展；再者，在一定区域内，铁路基本是垄断经营的。因此，应利用资本市场撬动更多的社会资源为我国铁路发展提供金融支持。但是，资本市场融资对企业价值信息的报告与披露要求较高。证券法、企业会计准则、上市公司信息披露及其监管等法律规章，规范了市场主体和中介机构行为，保护了投资者知情权。而我国铁路行业在会计核算和信息披露方面与资本市场的要求仍有一定差距，因而需要对铁路会计信息质量进行优化研究。

二、高铁"走出去"战略亟须改善会计信息质量背景

经过多年的铁路建设和运营实践，我国铁路以技术领先、安全可靠、舒适便捷、兼容性强、性价比高等综合优势，取得了长足的进步并获得了国际铁路市场的认可。表1-2为2009—2019年我国高铁运营里程数据。截至2019年，我国高铁运营里程达到了3.5万km，铁路运营里程也达到了约14万km，高铁运营里程占铁路总运营里程的25%，占世界高铁运营里程的60%以上。可以看出，我国高铁发展迅猛，在铁路运输行业的占比也越来越大。我国已经成为当前世界上高速铁路规模最大、发展最快的国家。随着我国高铁技术的日益成熟，铁路"走出去"的步伐将进一步加快，并将有力地配合"一带一路"倡议的实施。

表1-2 2009—2019年我国高铁运营里程数据

年份	高铁运营里程/km	新增运营里程/km	高铁运营里程占铁路总运营里程比重/%
2019	35 000	6 000	25
2018	29 000	4 000	22
2017	25 000	3 000	19.7
2016	22 000	3 000	17.45
2015	19 000	2 544	15.4
2014	16 456	5 428	13.7
2013	11 028	1 672	10.7
2012	9 356	2 755	9.5
2011	6 601	1 468	7.1
2010	5 133	2 434	5.6
2009	2 699	2 027	3.1

数据来源：中国统计年鉴数据库、交通运输部官网。

目前，我国已陆续参与了诸多国外重大高铁项目的建设工作。例如，印尼雅万高铁、中老铁路已开工建设，中泰铁路、匈塞铁路项目合作已启动，俄罗斯莫斯科至喀山高铁、坦赞铁路等项目也取得了不同程度的进展。对于我国高铁而言，需要积极与其他国家相连通，拓宽与世界其他地区的高铁大动脉，这是中国铁路的重大发展机遇。

"走出去"的铁路势必要提前做好前期调查工作。高铁往往被认为是一个国家的"奢侈级"基础设施。主要表现在三个方面：首先，需要投入大量资金，高铁建设面临的最主要问题就是缺少资金；其次，需要在高铁建设地区内有大量的人口；最后就是动力问题，高铁耗电量巨大，需要强大的基础辅助设施。为了确保高铁顺利地"走出去"，作为商业语言的会计信息就需要精准提供数据，与我国高铁建设准入标准进行对比，提前做好前期调查和风险防范工作。

"走出去"的铁路需要向世界各国展示高铁的经济、社会和环境等方面的效益，尤其是高铁项目的经济效益。会计信息就需要精准刻画相关的经济数据和经济指标，包括高铁建设项目的财务状况、盈利水平、成本水平以及现金流量等。成本优势是中国高铁"走出去"最常使用的一块招牌，因此，公允透明的会计信息才能更好地反映我国高铁的成本水平，有助于我国的高铁顺利"走出去"。

"走出去"的高铁因技术创新带来管理创新，同样需要会计信息质量的管理创新。目前，我国的高铁已经站在世界高铁前列，随着"走出去"步伐的不断加快，整车、整机制造商将重心逐步转向塑造自己的品牌形象，形成强大的市场控制力，从而获取更多的利润。另外，高铁的技术含量高，其零配件等产品往往较为精密且更新换代很快，同时，高铁建成后后续的维护保养对相关技术及管理水平有较高要求，这就需要对有形资产和无形资产的管理方式进行创新，对采购和维修成本进行科学核算，对相关会计信息质量进行改进。

三、我国铁路产业改革亟须符合市场规则的会计信息背景

"十三五"时期我国以进一步推进国有企业改革、完善现代企业制度成为主线。在这重大的经济政治背景下，铁路产业需要进一步深化体制变革，创新组织、管理和经营方式。一方面，通过企业治理和内部管理的改善，理顺内部机制，提升企业的内在价值；另一方面，通过资产重组、上市、合资经营，提升企业的外延价值。这就要求会计信息要体现总体的变动和风险，真实揭示企业营收情况和管理情况，以便更好地满足内外部利益相关者的需求。

然而，铁路运输具有网络性、公益性、统一指挥调度等产业特征，这使得铁路行业会计核算制度、收入的清算、成本的分配都具有行业统一规制的特点。与其他市场主体相比，会计信息的可比性较差，关联交易定价不够公允，信息披露透明度较低。因此，为了适应铁路市场化改革的需要，会计信息的加工和处理亟须与市场化规则对接。

第二节 国内外研究现状

目前，国内外对会计信息质量研究主要分为会计信息质量特征和盈余质量两个方面的研究。会计信息质量特征是国际会计准则理事会和各个国家会计准则制定机构所关注的主要问题，是企

业会计准则的重要内容。他们对会计信息质量的评价标准已经基本统一为真实性、相关性等若干质量特征。然而,国内外准则在界定会计信息质量概念时,并没有说明各个行业的会计信息质量是否存在特性,各项评价标准的重要性程度是否存在差别。

学术研究则主要是利用实证研究方法研究盈余质量计量方法、影响盈余质量的因素,以及盈余质量的经济后果。这些研究的视角、方法和结论都不尽相同。国内外学者对盈余质量影响因素的研究基本表明公司财务状况、公司治理和内部控制及公司薪酬和融资需求等因素会对公司盈余质量产生重要影响。现有大部分盈余质量的研究是从盈余管理的视角开展的,基于经济实质的研究比较少。

虽然这些研究有助于分析铁路运输会计信息质量问题,但是,无论是准则制定机构的标准规定,还是学术上的实证研究都未能充分、深入地探究产业属性对会计信息质量产生影响的机制、传导机理和结果。因此,亟须开展产业属性对会计信息质量影响的研究,以丰富和拓展既有的研究成果。

第三节　研究问题、目的与意义

一、研究问题

在我国铁路产业存在会计信息质量悖论。部分会计工作人员和监管机构认为会计信息记录严谨是铁路企业的传统,铁路会计信息质量良好;另外,有文献表明我国目前铁路会计信息真实性和决策有用性低,不能适应市场化改革的需要。本书研究问题是:铁路产业具有什么样的固有属性和非固有属性？反映铁路运输产业特殊技术经济特征的铁路"资源流 – 价值流"如何影响铁路资产价值及会计信息流动？铁路产业属性对会计信息质量影响的作用机理和实现路径是什么？

二、研究目的

（1）分析铁路产业属性，剖析铁路产业具有什么样的固有属性和非固有属性。

（2）剖析基于铁路产业特殊技术经济特征的铁路"资源流 – 价值流"如何影响铁路资产价值及会计信息流动。

（3）阐明铁路产业属性对会计信息质量影响的作用机理和优化会计信息质量的路径。

三、研究意义

1）理论意义

本书基于经济学、管理学、会计学理论，对铁路会计信息质量"资源流 – 价值流"的形成机理，固有属性与非固有属性对铁路会计信息质量的传导机制，以及铁路运输会计信息质量优化路径展开系统性研究。这一研究深刻揭示了产业属性与会计信息质量之间的关系，拓展了会计信息质量的研究，并为其他行业的会计信息质量研究提供可借鉴的研究范式。

2）现实意义

本书建立了铁路"产业属性 – 资源价值流 – 会计信息质量"系统化机理框架，探究了基于铁路产业属性和生产工程流程的会计信息质量传导机制与实现路径，有效地评价了我国铁路会计信息质量水平，为改善我国铁路产业会计信息质量理论和实际操作体系提供了新的视角，为我国铁路产业改革和国家战略实施提供了理论支持。

第四节   研究思路、内容与方法

一、研究思路

本书以铁路"资源流－价值流"为基础，结合铁路产业基本属性和生产流程分析，以铁路运输会计信息生成过程为主线，按照铁路"产业属性－资源价值流－会计信息质量"的逻辑思路，采用铁路生产和工艺流程为基础的研究方法，对铁路会计信息质量"资源流－价值流"的形成机理，固有属性与非固有属性对铁路会计信息质量的传导机制，以及铁路运输会计信息质量优化路径展开系统性研究，并针对铁路关联交易、专用性资产、货运收入清算、运输成本清算这四个重点领域展开研究。研究思路具体如图1－1所示。

```
┌──────┬─────────────────────────────────────────────────┐       ┐
│      │ 我国铁路产业快速发展亟须资本市场支撑背景         │       │
│ 研究 ├─────────────────────────────────────────────────┤       │
│ 背景 │ 高铁"走出去"战略亟须改善会计信息质量背景        │       │ 第
│      ├─────────────────────────────────────────────────┤       │ 一
│      │ 我国铁路产业改革亟须符合市场规则的会计信息背景   │       │ 章
└──────┴─────────────────────────────────────────────────┘       │
                          ⇓
┌──────┬─────────────────────────────────────────────────┐       │
│      │ 铁路行业的特性是怎样的?                          │       │
│ 研究 │ 特性是如何影响会计信息质量的?传导机理是什么?   │       │
│ 问题 ├─────────────────────────────────────────────────┤       │
│      │ 改善会计信息质量,优化铁路价值流转,提升铁路资源 │       │
│      │ 配置效率的实现路径                               │       │
└──────┴─────────────────────────────────────────────────┘       ┘
                          ⇓
┌──────┬─────────────────────────────────────────────────┐       ┐
│ 相关 │ 会计目标论,价值流理论,内部控制理论,信息不对称 │       │
│ 理论 │ 理论,信号传递理论,委托代理理论,机制设计理论   │       │ 第
├──────┼─────────────────────────────────────────────────┤       │ 二
│ 文献 │ 会计信息质量评价,会计信息质量影响因素及后果,交 │       │ 章
│ 综述 │ 通运输及相关行业会计信息质量研究                 │       │
└──────┴─────────────────────────────────────────────────┘       ┘
                          ⇓
┌─────────────────────────────────────────────────────────┐       ┐
│          我国铁路会计信息质量特征框架的构建与应用        │       │ 第
├────────────────────────────┬────────────────────────────┤       │ 三
│    铁路会计信息质量特征框架 │    铁路会计信息质量评价     │       │ 章
└────────────────────────────┴────────────────────────────┘       ┘
                          ⇓
┌──────┬──────────────────────────────────────────────────┐      ┐
│铁路  │            铁路产业基本属性:                      │      │
│产业  │            固有属性,非固有属性                   │      │
│属性  ├──────────────────────────────────────────────────┤      │
│对会  │                    ⇓                             │      │
│计信  │    铁路产业属性对会计信息质量作用机理分析框架:   │      │ 第
│息质  │    总体分析框架,具体分析框架                     │      │ 四
│量的  ├──────────────────────────────────────────────────┤      │ 章
│作用  │                    ⇓                             │      │
│机理  │        优化铁路会计信息质量的实现途径             │      │
│及优  │                                                  │      │
│化路  │                                                  │      │
│径    │                                                  │      │
└──────┴──────────────────────────────────────────────────┘      ┘
     ⇑              ⇑              ⇑              ⇑
┌─────────┐┌─────────┐┌─────────┐┌─────────┐
│关联交易的││专用性资产││货运清算收││运输成本的│
│会计信息质││的会计信息││入的会计信││会计信息质│
│量优化研究││质量优化研││息质量优化││量优化研究│
│    第五章││究  第六章││研究 第七章││    第八章│
└─────────┘└─────────┘└─────────┘└─────────┘
            └────────┬─────────┘
          ┌────────────────┐
          │   结论与建议    │  第九章
          └────────────────┘
```

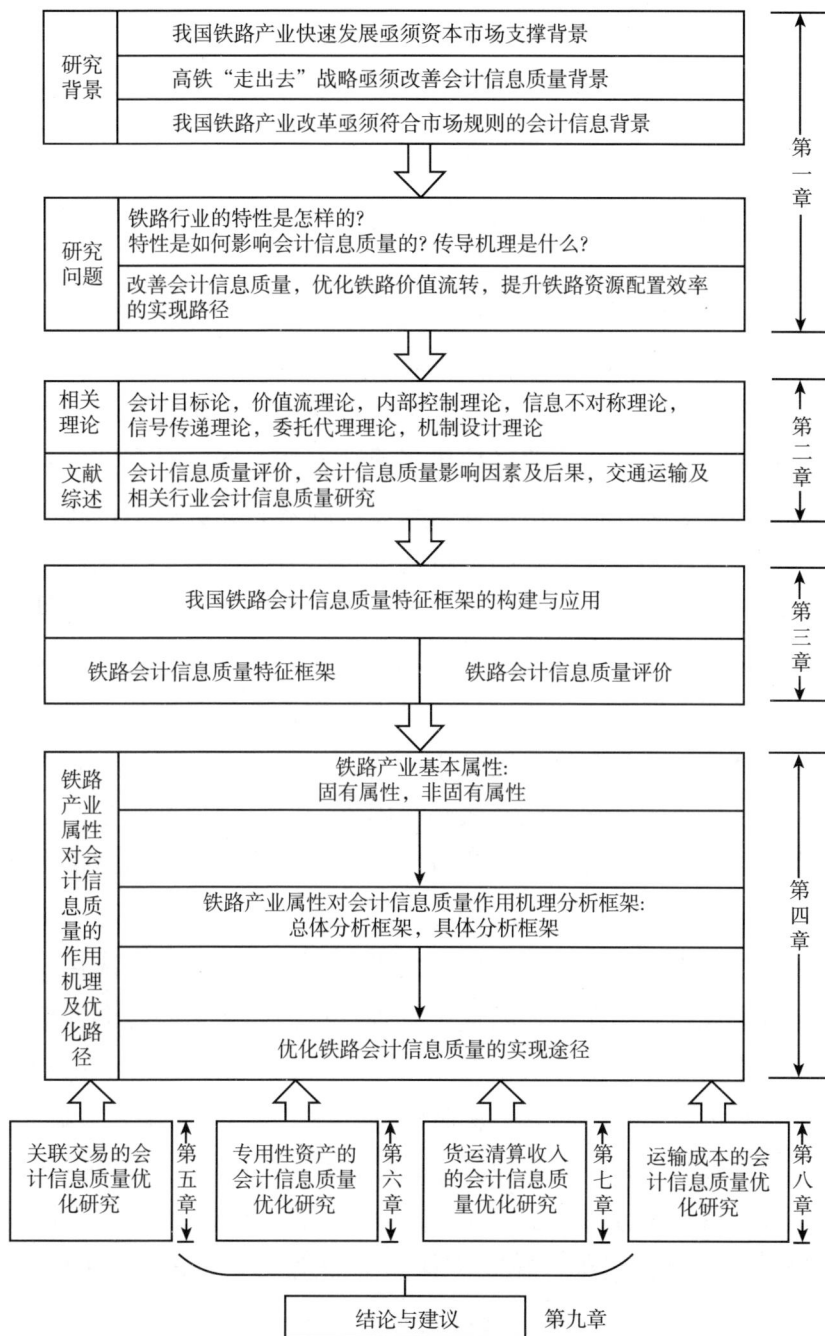

图 1-1　研究逻辑架构图

二、研究内容

第一章为导论。简述了本书的研究背景、研究问题、研究目的和意义，研究思路、研究内容与研究方法，以及研究的创新性。

第二章为基础理论与文献综述。基础理论主要包括会计目标论、信号传递理论、内部控制理论、价值流理论、信息不对称理论、委托代理理论和机制设计理论。这些理论为研究铁路会计信息质量影响因素和优化路径提供了重要支撑。同时对会计信息质量评价标准、会计信息质量计量、影响因素和经济后果进行了文献综述。国内外会计准则制定机构与学术研究对会计信息质量评价标准的研究已经逐步成熟，一般为真实性、相关性等若干质量特征，但是，并没有说明各个行业的会计信息质量是否存在特性，各项评价标准的重要性程度是否存在差别。国内外学者对会计信息质量影响因素的研究基本表明公司规模、公司治理和内部控制以及面对的薪酬和融资激励等因素会对公司盈余质量产生重要影响。这些研究将有助于分析诊断和治理铁路运输会计信息质量问题。

第三章为我国铁路会计信息质量特征框架的构建与应用。本章结合会计理论和我国铁路运营管理特征，构建了铁路会计信息质量分析维度和关键评价指标。本章应用这一指标体系，结合模糊评价法进行了实际测评，从而为以后各章深入研究奠定基础。

第四章为铁路产业属性对会计信息质量的作用机理及优化路径。本章研究构建了铁路"产业属性－资源价值流－会计信息质量"机理分析系统，建立了铁路"资源流－价值流"的铁路价值流形成机制、铁路"资源价值流－会计信息质量"会计信息生成机制和信息流传导机制、铁路"产业属性－会计信息质量"的决定机制。立足铁路运输生产和工艺流程，分析铁路行业公益性、大管理跨度和复杂生产过程、行业统一的会计制度、铁路管理体制机制对会计信息质量的影响与作用。提出铁路会计信息质量优化路径，内容包括：建立铁路生产要素交易市场（价格发现市场），设置专用资产交易市场；完善铁路会计标准、会计规程和会计操作规范；优化会计确认、计量和报告各环节；有效加强控制环境、风险评估、控制活动、信息和沟通、监控等内控要素；采用云计算、大数据和信息系统等会计技术等，从而提高铁路会计信息的真实性、相关性、可比性、谨慎性、透明度等会计信息质量特征。

第五章为关联交易会计信息质量优化研究。本章阐述了铁路内部关联交易类型及会计核算模式，分析了"网络性 – 关联交易 – 铁路会计信息质量"的传导机制，并针对关联交易会计信息质量提出了优化路径。目前，我国合资铁路一般采用委托国铁经营的方式开展运输。合资铁路与国铁之间存在着复杂的关联方关系，铁路运输的专业性很强，使得国铁在与合资铁路关联交易的定价安排上具有较强的控制权，从而导致关联交易收入和成本有失公允。同时，关联交易的日常管理和监督也存在一定缺失，会计信息披露不完整，甚至存在虚假交易，从而影响了合资铁路和国铁会计信息的真实性、相关性和公允性。针对上述问题，发展铁路生产要素市场，构建三方共同治理架构，建立分类分层管理体制，规范交易定价和建立健全各项财务管理制度是提升关联交易会计信息质量的重要路径。

第六章为专用性资产会计信息质量优化研究。本章阐述了铁路专用性资产类型与会计核算模式，分析了"专用性 – 确认与计量 – 铁路会计信息质量"的传导机制，并提出了铁路专用性资产会计信息质量的优化路径。由于铁路运输行业资产专用性较高，导致存货、固定资产、无形资产的估值较为困难，影响了专用性资产会计确认与计量的完整性、及时性和准确性。另外，资产流动性强，分布广泛，管理跨度大和沟通不及时也是引发资产会计信息质量问题的因素。为了提高铁路运输企业专用性资产的会计信息质量，提出了以下优化路径：铁路运输企业之间建立有偿的资产调拨制度，发展专用性资产内部交易市场；改进资产会计核算标准；建立健全资产减值与无形资产会计核算的内部控制制度等。

第七章为货运清算收入会计信息质量优化研究。本章阐述了现行货运收入清算制度和货运收入的确认与计量办法，分析了"货运清算规程－确认与计量－铁路会计信息质量"的传导机制，并阐明了优化路径。目前，我国铁路货运由政府控制运价，运价水平低。货运收入采取统一单价进行清算，使得铁路货运收入未能实现来自市场，从而无法公允计量运输产品的市场价值。因此，改政府定价为基于市场进行货运定价，建立市场化的清算模式有利于正确反映铁路运输产品的市场价值。

第八章为运输成本会计信息质量优化研究。本章阐述了现行成本核算与管理模式，分析了"预算管理－确认与计量－铁路会计信息质量"的传导机制，并阐明了优化路径。铁路运输主要是以运输产品为成本计算对象的财务成本，铁路运输成本中大量的间接费用分配标准过于简单，缺乏作业成本计算，难以满足内部精细化管理的需要。另外，刚性的预算管理也诱发了基层单位调节成本的盈余管理行为，成本核算体系无法真实反映生产消费的实际水平，违背了"运输生产要素流－价值流－信息流"的机理。因此，加强成本核算和管理的质量，建立作业成本核算体系，采用灵活的预算管理模式，有利于提升铁路运输会计信息质量。

第九章为结论与建议。总结了本书的主要研究内容和结论，并提出政策建议，以及需要进一步研究的问题。

三、研究方法

1）理论分析法

综合运用经济学、管理学和会计学理论，研究构建了铁路"产业属性－资源价值流－会计信息质量"机理分析系统，建立了铁路"资源流－价值流"的铁路价值流形成机制、铁路"资源价值流－会计信息质量"会计信息生成机制和信息流传导机制、铁路"产业属性——会计信息质量"的决定机制。

2）模型评价法

运用层次分析法、模糊评价法评估会计信息质量水平，发现会计信息质量问题。

3）实地调研访谈

通过实地调研，听取专家和实务工作者的意见和建议，根据已掌握的知识，分析诊断铁路企业会计信息质量存在的问题，并提出科学、切实可行的改进措施和建议。

4）调查问卷分析法

通过对站段、路局和铁路总公司相关部门下发调查问卷，对铁路企业会计信息质量存在的问题及其成因进行调查研究，并提出相应的解决措施。

5）比较研究法

通过对新企业会计准则与铁路企业会计核算制度进行比较分析，提出改进铁路运输企业会计核算制度及优化会计政策的建议。

四、研究范围的界定

铁路产业是以铁路客货运输服务业为主业，包括广泛多元经济的产业。中国国家铁路集团有限公司（简称国铁集团）是铁路局集团公司的母公司，截至 2020 年末，控制了十八家国有铁路局、四家上市公司、三家专业运输公司、若干合资铁路公司以及很多家多元经营企业。本书研究范围界定为铁路客货运输服务，主要关注铁路运输技术经济特征下会计信息质量问题的研究，不涉及多元经济部分。

第五节 创 新 性

（1）建立了铁路"产业属性－资源价值流－会计信息质量"系统机制，探究了基于铁路产业属性和生产工程流程的会计信息质量传导机制与优化路径，为改善我国铁路产业会计信息质量理论和实际操作体系提供了新的视角，为我国铁路产业改革和国家战略实施提供了理论支持。

（2）构建了铁路运输会计信息质量特征框架，从而明确了铁路产业属性下会计信息质量评价的具体标准。铁路运输会计信息质量特征主要由真实性、相关性、可比性、谨慎性、透明度构成。以此为基础，设计了三级多维度评价指标体系，定量评测了铁路运输会计信息质量现状。这为铁路会计信息质量问题的分析及其优化路径的研究提供了一定的现实支撑。

（3）针对铁路关联交易、专用性资产、货运收入清算、运输成本四个重点领域，阐明了产业属性与会计信息质量之间的传导机制，并指明了优化路径，从而系统地、全面地揭示了提升铁路会计信息质量的关键所在。铁路网络性基础产业（industry with network characteristics）的固有属性是影响铁路关联交易、专用性资产、货运收入和运输成本清算会计信息质量的根本原因。为提高铁路会计信息质量，提出要重点解决如下问题：委托运营模式下关联交易定价不合理、信息披露不透明等；专用性资产估值难、无形资产确认不充分等；货运清算收入清算单价不合理；成本核算比较粗放、预算管理下盈余管理等。针对各问题分别设计了优化路径，从而促进铁路产业体制的改革和会计信息质量的提升。

第二章

相关理论与文献综述

第一节 相关理论综述

一、会计目标论

目标在管理学中的定义是指导组织和个人活动的最终目的和结果，因此会计目标可以定义为一定的会计环境中，人们期望通过会计活动达到的目的和结果。会计目标概念源于西方学者的探讨。1953 年 A. C. Littleton 简要地描述了会计目标的含义，他认为会计目标是会计工作的最高的总目标，目的是有助于人们从会计的信息中了解某个企业，并基本清楚该企业在会计期间内的财务状况和经营成果。美国会计学会于 1966 年出版的《基本会计理论报告》第一次明确提出会计目标主要包括以下两方面的内容：提供给会计信息使用者有助于他们做决策的会计信息；揭示企业管理层接受委托的履行情况。20 世纪 70 年代以来，随着理论界对会计目标的大量研究，逐渐形成了受托责任和决策有用两个学派。

受托责任学派的观点认为，资源的所有权与经营权相分离，会计目标是向资源的委托者报告资源受托管理的情况。受托责任目标下，会计从服务于内部管理发展到外部投资者对企业管理层的监督，并成为委托代理关系下所有者对管理层激励契约签订、执行和监督的基础，是一种契约观。因此，会计信息质量更强调客观性，会计确认只关注企业实际已发生的经济事项，会计计量仍采用历史成本计量模式，会计报告更看重收益表的编制。

决策有用学派的观点认为，会计目标是向投资者、债权人等报告使用者提供有用的信息，以便他们对获得的经营情况、财务状况、现金流量等信息进行预测、比较、评价，并做出有效的经济决策。决策有用目标下，会计服务更多是从外部使用者使用信息的角度出发，因此，会计确认既关注实际已发生的，又关注虽未发生但对企业已有影响的经济事项，会计计量既采用历史成本又支持采用多种计量属性，会计报告更看重综合各种报表而非单一报表。

20 世纪七八十年代，决策有用目标具体表现为信息观（information perspective），其重要理论基础是决策理论和有效资本市场理论。信息观认为预测未来公司业绩的责任在个人，并且专注于为此提供有用的信息。这一方法假设证券市场是有效的，认为市场会对所有来源的信息做出反应，包括财务报表，从而将有用性等同于信息含量或证券价格变化程度。在信息观下，会计信息仍然以历史成本为基础，并辅以许多补充披露。

随后，越来越多的理论正确表明证券市场并没有原先所认为的那样有效，以历史成本为基础的净收益只能解释股价变动的一小部分原因。Ohlson J 的净剩余理论通过说明公司的价值是如何由资产负债表和利润表的基本组成部分来确定，提供了一个与计量观一致的理论框架。按照净剩余理论，如果财务报告采用公允价值计量，使得公司价值中更多部分进入资产负债表，减少了需要投资者进行估计的未入账的商誉，从而减少了有偏会计的程度。净剩余理论暗示在决定公司价值时，会计信息起着比信息观下更基本的作用。决策有用性的计量观也由此而产生。在该方式下，在具有合理可靠性的前提下，会计人员应负责将公允价值融入财务报表中，从而认可他们在帮助投资者预测公司内在价值时应承担的义务。计量观认为报告净收益只能解释报告日前后证券价格变动的很小部分，历史成本的信息含量是有限的，应该将公允价值引入到会计计量中，提供更真实的盈余信息，从而减少投资者依据会计信息做出错误决策的可能性，增加财务报告的有用性。

二、价值流理论

Michael Porter 1985 年在《竞争优势》中提出了价值链理论，认为制定企业成本领先或差异化战略时，应该识别企业基本价值活动和辅助价值活动，从而为分析资源使用的有效性、评价组织的竞争能力提供一个框架。他认为应该通过对各种价值活动及其组合的了解进行价值链的识别。对于价值的概念，如果从顾客的角度，可以将其理解为"买方愿意为企业提供给他们的产品或服务所支付的价格"；从生产经营的角度，则可以将其理解为在创造价值的过程中消耗各种资源的成本，企业的竞争优势在于使其成本尽可能地小于与顾客的交易价格。企业价值链分别是其所属产业价值链的一部分，它们相互之间彼此关联，共同构成一个价值系统。这表明企业必须以更低的成本执行价值链中的价值活动，或以不同价值结构导致产品差异化。

在信息技术和业务流程再造等管理思想影响的背景下，美国管理学家詹姆斯·马丁（James Martin）在 1997 年首次提出价值流（value flow）概念。价值流是指相互连接的、从开始到结束有明显理由的连续活动，即为使外部顾客或者价值流的内部"最终使用者"满意而消耗各种资源的成本流动。Michael Porter 的价值链涉及整个企业，而价值流涉及满足某特定类型的客户（内部或外部）的一系列活动。因此，价值流是战略实施的基本责任单位，是价值链的扩展。价值流与连续的作业环节消耗的资源及作业对产品价值的贡献程度密切相关，比价值链更具有可操作性。价值流概念已经广泛应用于不同行业和企业价值流设计、企业价值流模型建构、精益生产成本控制及循环经济价值核算等方面。

三、内部控制理论

1992 年，美国全国反欺诈财务报告委员会下属的发起人委员会 COSO 委员会（Committee of Sponsoring Organizations of The Treadway Commission）颁布了内部控制框架，其构成要素具体包括内部环境（internal environment）、风险评估（risk appraisal）、控制活动（control activity）、信息与沟通（information and communication）和监督（monitoring）五要素。

（1）内部环境：是指企业内部的整体环境。它不仅是企业日常经营活动的基础，也是内部控制整体框架的基础。内部环境包括企业的组织结构、治理结构、经营理念及企业文化培养等。

（2）风险评估：是指为了识别评估和应对可能的风险，从整体层面和个体层面上设定相互关联的目标，并分析、辨认可能存在的各种风险，以使目标按计划实现。

（3）控制活动：是指为了确保内部控制得到一贯有效的执行，管理者所建立和执行的活动。其主要目标是：根据风险评估结果,采取行动将风险控制在可承受的范围之内。

（4）信息与沟通:是指企业在其生产经营过程中,及时、准确地辨识和获取内外部信息,并进行相互沟通、传递,以使员工清楚其应承担控制的责任并履行其职责。

（5）监督:是指对企业内部控制过程实施的必要监督及对相关内控运行效果进行评价,及时发现内控缺陷,并加以修订和改进的过程。监督可分为持续性监督、独立性评估,一般需要二者结合。

企业的内部控制要素相互紧密联系、相辅相成,共同构成一个有机整体,并不断应对变化的环境。内部环境是其他控制要素的基础。控制活动确保信息传递和管理层减少风险活动的顺利实施。内部控制的整个过程都需要得到监控,并随着环境的变化而更新。一个有效的内部控制既包括设计上的有效性,又包括执行上的有效性。基于内部控制要素,可以为分析诊断和改进完善企业会计信息质量提供系统的方法。

四、信息不对称理论

信息不对称理论认为,在市场经济活动中,有关经济信息是无法被各类人员无差异地进行掌握的。信息比较充分的一方,在市场中往往能够处于比较有利的地位,而掌握信息较少的人员,则会在竞争中处于劣势。

在现实中,企业契约是不完美的。在理想情况下,信息可以被委托代理双方全面掌握,委托人可以随时检查代理人履行契约的情况,并随时调整决策,重订委托代理契约,降低代理成本。但在实际情况中,企业的外部缔约方一般是分散的,无法直接参与到企业经营管理工作中,只能借助会计信息了解企业经营管理状况,而这些会计信息也都是由企业管理当局提供的。因此,企业管理当局相比其他信息使用者,甚至相比企业所有者，都更加全面地掌握企业信息。外部使用者基于成本效益原则只能掌握信息含量相对少的企业信息，这就为管理层为自身利益进行会计舞弊提供了可能。在这种情况下，会计信息往往由于委托代理双方信息不对称及外部使用者获取内部信息的成本过高而受到影响，致使披露失真现象成为不可避免的问题。

由于铁路运输网络性产业属性，点多线长，内部管理幅度大，管理层次较多，生产和经营管理比较复杂和特殊，资产专用性程度高，因此，铁路运输上下级之间、运输业务委托方与受托方之间、铁路运输企业与投资人及其他利益相关者之间都存在信息不对称问题。从这个角度讲，提高铁道运输会计信息质量，增强铁路会计信息的真实性、相关性和透明度，降低信息不对称，对于铁路运输会计信息使用者具有重要的意义。

五、信号传递理论

信号传递是指具有信息优势的一方（拥有私人信息的一方）采取某种行动向信息劣势方（拥有公共信息的一方）发送相关信号，用以回避逆向选择，改进市场运行状况。

信号传递理论认为，信号传递可以将高质量的公司和质量普通或较差的公司区别开来，市场随之做出积极反应，从而提升高质量公司的股票价格。相应地，质量普通或较差的公司因为没有进行相关信息的披露而被认为存在不利消息，从而致使其公司的股票价格降低。因此，为了提升市价，企业会积极且充分地披露相关信息，从而向市场传递相关信号。

企业往往使用财务报告进行信号的直接传递。充分、可信的财务报告信息披露，一方面能够减少内幕消息和内幕交易，通过信号传递区分出不同质量的企业，促进证券市场的有效运行；另一方面还能够提高外部投资者的投资信心，使之更加清晰地把握投资对象进而更好地平衡和评估风险及收益。这样不仅能提高企业的筹资能力，降低资本成本，提升企业价值，而且也能使投资者避免资源的浪费，实现资源的有效配置。

1986年，学者Hughes发现，投资者会在期末观察公司的现金流量，并与期初管理层披露的企业价值预期进行对比，从而有助于投资者判断管理层的受托责任履行和信息披露的真伪情况。此时，管理层传递的关于公司价值预期的信息，就是一种直接的信号传递。另外，内部控制报告、股利分配政策、会计政策选取、社会责任报告等信息就属于会计信息的间接传递。

从铁路会计角度来讲，由于历史原因，铁路系统相对封闭，与一般国企也有很大区别。会计系统内产生的会计信息主要使用者并非外部使用者，会计确认与计量更多采用历史成本原则，财务信息很少对社会公众进行披露，也缺乏自愿性披露的意愿。伴随铁路市场化改革的推进及投融资体制改革的深化，会有更多铁路企业上市，民营资本也会被引入，产权将进一步多元化。从这个角度讲，增强铁路会计信息的真实性、预测性和透明度，解决披露不及时、不规范，甚至不披露等问题，对于铁路拓展投融资渠道，更好满足外部使用者的信息需求具有重要的意义。

六、委托代理理论

针对经营者同时也是企业的所有者这种经营方式的弊端，委托代理理论认为，企业的所有者应该让渡其经营权，而仅保留其剩余索取权，即企业应采取所有权与经营权相分离的经营管理方式。委托代理关系，即委托人基于某种契约，雇用受托人或代理人来为其服务，将委托人的某些决策权力等授予这些受托人或代理人。该理论现已发展成为制度经济学契约理论的主要内容，并成为现代公司治理的逻辑起点。后来，西方学者罗斯（S. Ross）提出，对于某业务事项的当事人双方，当受托人或代理人代表委托人的利益行使决策权力时，委托代理关系随即产生。在解释某些组织的现象或行为，从特定的角度去分析企业内外部之间的委托代理关系时，这种理论由于优于一般的微观经济学，所以被称为现代意义上的委托代理理论。

委托代理理论基于非对称信息博弈论而建立。非对称信息（asymmetric information）认为在某个经济事项中，存在信息的不对称，即一方拥有更多的信息。信息的非对称性可以从内容和时间两个维度分析。从非对称信息的内容角度来看，可将其划分为隐藏行为模型和隐藏信息模型。前者认为非对称信息的产生可能是由于经济事项中的参与人存在的特定行为，后者则认为非对称信息的产生可能是由于经济事项中的参与人隐藏的信息。从非对称信息发生的时间角度来看，可将非对称划分为事前非对称和事后非对称。发生在当事人签约之前的，称之为事前非对称，称其博弈模型为逆向选择模型（adverse selection），而发生在签约之后的，称之为事后非对称，称其博弈模型为道德风险模型（moral hazard）。

委托代理理论往往被用来解释经济、社会和管理等问题，在我国的应用也十分普遍。例如，企业的股东与高管、国家与国有企业的高管、债权人与债务人、企业与相关中介机构等都构成了委托代理关系。由于委托代理关系中委托人是根据受托人或代理人所提供服务的内容、质量和数量等因素来支付相应报酬，所以，委托人需要寻找有效的激励措施、分析相关的激励影响因素并设计最优化的激励机制来最大化自己的收益，因此，委托代理理论被普遍应用于社会的各行各业。

我国铁路企业存在纵向与横向、内部与外部的委托代理关系。铁路运输实行国铁集团、铁路局集团公司（以下简称铁路局）、站段三级垂直管理模式，合资铁路采取委托经营模式，因此，上下级之间，合资铁路与铁路局之间构成了内部纵向的委托代理关系。同时，作为网络化的产业，铁路局之间、站段之间的协同生产，相互提供服务、调拨资产，便形成了内部横向的委托代理关系。铁路运输业与外部利益相关者（投资者、债权人、政府）之间存在外部委托代理关系。因此，铁路企业中存在的委托代理类型多、关系复杂、链条长。

七、经济机制设计理论

在社会目标已知或既定的情况下，经济机制设计理论试图寻找和设计出实现该社会目标的经济机制，以使市场经济活动中参与者的利益与设计者既定的目标相一致。即通过设计各种博弈的具体形式，使市场经济活动中参与者的各种资源配置结果与预期目标相一致。

经济机制的设计需要考虑信息效率和激励相容两个问题。其一，信息效率（informational efficiency）侧重考虑经济机制运行成本的问题，即实现既定社会目标所需要的信息量的大小，其要求所设计的经济机制需要尽可能少的信息或低成本的信息；其二，激励相容（incentive compatibility）认为在经济机制给定的情况下，提供私人信息是参与者的占优策略均衡，此时该机制就是激励相容的，即便经济活动中的每个参与者都依照自己的个人利益制定相关目标，该经济机制实施的客观效果依旧能够匹配设计者希望实现的目标。

经济机制设计理论普遍适用于社会和经济制度转型、升级及变迁的国家。一方面，每个国家的国情千差万别，当新古典经济学无法解释既定的经济环境时，经济机制设计很可能为我们提供一个标准统一的框架来比较和研究分析各种经济制度的优劣和适用性；另一方面，经济机制设计理论的信息效率问题，为解决社会经济转型提供了理论基础。计划经济体制下，为实现社会资源的有效配置，政府需要大量的经济机制信息。机制设计理论的信息效率侧重考虑经济机制运行成本的问题，而计划经济在实现既定社会目标时所需要的信息量远远大于市场经济所要求的，因此计划经济需要付出的机制运行成本也就远大于市场经济。

党的十八大以来，我国经济体制改革的思路愈发清晰明确。全面深化改革是实现我国全面建设小康社会目标的根本动力，而全面深化改革的核心又是经济体制改革，如深化市场经济改革、国有企业改革、营改增及产权制度等，此时，经济机制设计理论可以为这些现实问题的解决提供有价值的理论参考和经验借鉴。

我国铁路运输的高度集中管控运行机制，产生了独特的信息传递特性和效率，这需要深入研究，以揭示其规律、存在的问题及改善效率的办法。

第二节　会计信息质量文献综述

有关会计信息质量方面，国内外学者做了大量研究。其中，Patricia Dechow 等人对盈余质量的计量、影响因素和后果进行了大量文献回顾。我国学者陆正飞在产权保护导向的会计研究方面，参考了该领域国内外研究文献，在产权保护导向会计的经济学分析，会计规则制定、执行与产权保护，会计信息功用与产权保护三个子领域进行了综述。魏明海经研究认为，信息不对称对资本市场的市场机制和投资者存在潜在危害，从而提出定价和治理两个保护投资者的问题。通过分析会计信息定价功能和治理功能的作用机制，他发现信息的定价功能可以降低信息成本，提高投资者信心，帮助投资者准确定价；而信息的治理功能则可以降低代理成本，控制内部人的机会主义行为，维护投资者利益。另外，他从国家、市场和公司三个层面研究这些重要因素对作用机制的影响，提出了扩展框架。魏明海还对现有会计信息质量经验研究存在的问题与改善办法进行了探讨。本节基于上述文献内容，补充了部分新的文献及观点。

一、会计信息质量评价

1）会计信息质量评价标准

国际标准化组织将质量定义为产品、服务所拥有的，并能用以鉴别该质量是否合乎规定要求的一切特性和特征的总和。我国学者葛家澍认为，会计信息质量的特征是进行会计信息质量评价最基本的依据。就当前的市场经济环境和会计信息质量体系，他认为可靠性是财务会计的本质属性，是会计信息质量体系的核心和基础。美国财务会计准则委员会（FASB）认为"会计信息质量的特征或质量的确定是构成信息有用性的成分，是在进行会计选择时所应追求的质量标志"。会计信息质量特征的演变过程大体经历了以使用者需要为目标、以股东/投资人保护为目标及将两者结合在一起三个阶段。

（1）以使用者需要为目标。

20世纪60年代后期，Ball、Brown和Beaver等人通过研究验证了会计信息的有用性。受此影响，西方政府和学者重新审视了制订会计准则的目标，并将"使用者需要"作为会计信息质量评价标准。20世纪七八十年代，美国注册会计师协会下属的特鲁伯罗特委员会首先提出了"决策有用观"这一现代会计理论概念。后来，FASB颁布了第2号准则《会计信息的质量特征》，将相关性和可靠性作为会计信息质量评价的首要质量标准。相关性是指依赖财务报告的某些信息能够进行对应的决策。可靠性是指会计信息的内容能够客观公正、不偏不倚地描述实际经济活动和结果，能被报告使用者所信任。可靠性包括三个组成部分：如实反映（反映的真实性）、中立性（不偏不倚）和可验证性（可核实性）。另外，准则还认为财务会计信息要具备可比性。可比性是指至少有两组及以上的经济现象能够被会计信息的使用者指认出不同之处的质量。该准则成为美国会计准则的制订目标和对会计信息质量评价的标准。大部分国家也以"使用者需要"为出发点构建自己国家对会计信息质量的评价标准。

（2）以股东/投资人保护为目标。

自20世纪80年代中后期以来，企业盈余管理行为愈演愈烈，财务报告的可信性受到质疑。在此背景下，1997年美国证券交易委员会（SEC）主席Levitt在其发表的《高质量会计准则的重要性》一文中，提出会计信息披露应该公允、透明，并以保护投资人的利益为目标。在此透明更加侧重于如实地、可比地反映相关信息。1998年9月巴塞尔银行监管委员会发布了"增强银行透明度"的研究报告，在此透明度则更加侧重于会计信息的可靠与及时。报告还指出，披露并不代表透明，只有这些披露建立在完善的计量原则之上，并及时、准确和充分地披露相关定性与定量信息才能实现透明。美国审计准则委员会（ASB）也修订了包括对财务报表表述是否真实、可稽核、中立及一贯产生重大影响的项目在内的第六十一号审计准则公告（SAS NO.61），以此来指导审计人员同审计委员会的相关工作。

总之，会计信息透明度成为保护投资人的主要质量标准，它基于决策有用观的各项质量特征，并由中立性、清晰性、完整性、充分披露、实质重于形式以及可比性构成。

（3）综合使用者需要和对股东或投资人保护为目标。

在FASB公布的第2号财务会计概念公告《会计信息的质量特征》的基础上，Gregory和Blancher的研究添加了清晰性、分散信息以及盈利坚持的评价标准。清晰性侧重于财务信息的有组织性和简洁明了，与可靠性和相关性并列。盈利坚持和分散信息则作为补充质量标准。2010 年 9 月，国际会计准则理事会（IASB）在其发布的《财务报告概念框架》中指出：财务信息的基本质量特征包含相关性、重要性和忠实陈报。

2006 年，我国公布的基本会计准则第一次明确提出可靠性、相关性、可理解性和可比性是会计信息的首要质量要求。综上所述，国内外会计准则对企业会计信息质量都做了较为全面的约束，但各项会计信息质量特征的重要性并没有作出行业区分说明。

2）会计信息质量评价方法

（1）盈余信息质量与盈余市场反应角度。

Penman 的研究认为，"财务报表的质量等同于可证实的盈余"。目前，相关研究会计信息质量的学术文献中，学者们往往把盈余质量作为代理变量。对盈余质量的定量评价研究大体有三种。第一，基于盈余组成部分之间的关系。在应计制下，现金和应计项目构成盈余，而应计质量是会计盈余中最主要的。第二，基于盈余的时间序列性质。从决策有用观出发，学者提出可持续性（persistence）、可变动性（variability）和可预测性（predictability）三个盈余质量评价标准。第三，基于影响盈余形成过程的因素来评价盈余质量。即从客观上来说，公司的会计业务会影响盈余信息；从主观上来说，公司管理者的特质性也将对此产生影响。一般来说，公司会计业务的复杂性、需要预估的内容及公司管理者的利益相关性均与公司盈余信息负相关。

20 世纪 60 年代后期，Beaver，Ball，Brown，Martin 等人的学术研究改变了会计学术界对会计信息质量的认识和理解。在这之前，学术界主要是从与财务报告概念框架和持续计量系统的一致性角度来评价会计信息质量的。在此之后，则从盈余反应系数的角度来评价会计信息质量。盈余反应系数反映了单位盈余的边际回报效应，盈余反应系数越大，盈余质量越高，公司会计信息质量越高。

（2）信息披露质量角度。

国外学者广泛地从信息披露质量的角度来研究会计信息质量的定量评价，于是信息披露质量成为衡量会计信息质量的变量之一。方法之一是从会计信息和非会计信息两个角度，权威或专业机构对上市公司年度财务报告的披露质量进行定量评价。主要的评价方法有两个，一个是分析家的主观评分法，另一个是主、客观联合评价法。前者的代表是 AIMR 指数法，由美国投资与管理委员会首先创建。该法主要运行思路如下：首先，从各个行业选取分析家成立一个评价小组，其中财务分析师是核心；其次，在二十几个行业中选出 200 至 300 家上市公司，平均每个行业十余家；最后，划分信息披露质量评分权重，即年报信息、季报与其他公开信息、来源于投资者的信息大致占比分别为 40% 至 50%、20% 至 30% 和 20% 至 30%。联合评价法有两种，一种是披露指数法，另一种是文本分析法。披露指数法首先创建一个基于评价者主观判断的披露项目清单，并根据各披露项目的重要水平赋予权重，再根据各披露项目出现与否、出现方式来打分，最终形成各上市公司信息披露质量的评价指数。为了保证各会计信息质量特征之间的平衡以及会计信息质量评价指数的可替代性，不同于披露指数法，文本分析法在全面检查的思想下，运用计算机技术对上市公司披露的所有信息进行分类，最后得出一个综合评价。

从 2001 年开始，根据《深圳证券交易所上市公司信息披露工作考核办法》，对于 2000 年 12 月 31 日之前上市的公司，在它们自评的基础上，深交所每年都要考核它们的信息披露工作。考评结果从低到高依次划分为四个等级：不及格、及格、良好和优秀。考核内容主要有：上市公司受到的处分、处罚和其他监管措施；信息披露的准确性、及时性、真实性、完整性、公平性及合法合规性等。此外，会计监管部门对上市公司的调查和惩处、财务报告的重述以及内部控制缺陷也常常被认为是会计信息质量差的表现。

（3）其他角度。

Barton 和 Waymire 提出一种基于透明度与可信赖度两个维度的财务报告评价体系，用以研究在非财务报告管制下如何保护投资者的问题。其中资产负债表和利润表的透明度主要通过固定资产及其折旧、无形资产及其摊销、销售收入与成本等信息的披露情况来衡量；而可信赖度则主要通过上市公司聘请的会计师事务所的大小及无形资产检查报告的谨慎性程度来体现。师萍在"阿罗悖论（Arow Paradox）"的基础上，通过探讨我国企业会计信息质量失真的成因及危害，提出了一个基本模型用以评价企业的会计信息质量；另外，通过探讨企业会计信息质量的影响因素，她还建立了会计信息质量的模糊评价模型及动态结构模型。

曹巍等人在建立企业会计信息质量评价指标体系的基础上，构建了一种能够通过 MATLAB 软件运行的基于主成分分析法的企业会计信息质量评价模型。主成分分析方法可以在保证尽可能少丢失数据信息的情况下对高维数据变量实现降维分析，从而将重复的信息进行有效筛除进而简化整个运行过程。王小娟、万映红等人在采用层次分析法确定指标权重的基础上，采用模糊综合评价方法从可靠性、相关性、及时性和完整性四个方面共 14 个指标，对所构建的大数据环境下企业会计信息质量指标体系进行了评价。孙凡、郑济孝等人为促进我国上市公司会计信息质量的不断提高，将基于"互联网＋"的评估理念引入到上市公司会计信息质量的评估工作之中，结合智能化方法升级传统的会计信息质量评估模式，形成基于"互联网＋"的上市公司会计信息质量智能评估框架。基于"互联网＋"的上市公司会计信息质量智能评估是指充分利用互联网平台和智能工作设施，提高会计信息质量评估工作的效率和效益，促进上市公司会计信息质量不断提高的新型业态。并且基于"互联网＋"的上市公司会计信息质量智能评估的目标及范畴应由合规性评估向生产质量和使用质量的联合评估转变，评估主体应由职业分析师向职业分析师和用户并存转变，评估方法应智能化以有效解决评估工作中存在的效率与公平矛盾、用户对评估主体的信任危机以及评估系统的可靠性问题。

二、会计信息质量影响因素与后果

1）会计信息质量的影响因素

基于国内外多年来的广泛研究影响会计信息质量的因素主要有六大类：公司特征、企业会计准则、公司治理及内控、审计师、资本市场激励机制和外部因素。

（1）公司特征。

研究较多的是业绩和损失、增长和投资、债务、规模这四个特征。一般研究假设，财务业绩不佳是盈余管理的一个主要动机。DeFond 和 Park 发现，当公司的预期业绩和未管理的业绩不一致时，公司可能用收益平滑法向预期业绩方向调节盈余。而 Doyle，Ge 和 McVay 发现，财务业绩不佳的公司不仅容易调整以前年报的盈利，而且倾向于披露公司内控存在的弱点。

关于成长性、不可观察的结构，或作为增长措施的应计费用对盈利持久性的影响方面，相关文献也进行了一些探讨。Nissim 和 Penman 发现高速增长企业的盈利是难以持续的。Watts 和 Zimmerman 发现，当存在违反债务契约的风险时，企业很可能调增收入，以减少违约风险。另外，当存在更大的政治监管审查风险时，大型企业反而很可能下调收入。

（2）企业会计准则。

两个早期的论文研究了会计方法对收益的影响。Barefield 和 Comiskey 证明，直线法相比加速折旧法更能够平滑收益流。而

Healy，Myers 和 Howe 则证明，在制药行业的研发支出中，相对于全部资本化或者费用化，成功法更能保持基本价值观与收入流之间的联系。

（3）公司治理及内控。

以往的研究表明，影响盈余质量的公司治理及内控因素主要包括以下五方面：董事会结构、管理层持股情况、管理层薪酬、内控程序及管理变化。研究表明，董事会结构直接影响企业内控程序，内部控制对管理层有一定的约束力，可降低他们盈利管理的可能性，而管理层所有权份额、企业经营者报酬会影响盈余质量，因为它们提供了盈余管理的动机。在这两种情况下，内部控制影响盈余管理。可操纵应计利润和会计虚报是盈余质量的常用计量方法。

Beasley，Klein 和 Vafeas 等人研究发现，董事会中外部董事的比例、审计委员会的独立性及会议频率均与盈余管理存在一定程度的负相关关系。Beasley 于 1996 年经研究指出，已发行普通股比例与财务舞弊负相关。Peasnell 和 Chtourou 等人研究认为，外部董事的持股比例上升可以有效降低企业的操纵性应计利润，从而提高会计信息质量。Doyle 等人发现，公司财务报告相关的重大内控缺陷与操纵性应计利润、重述可能性正相关，而与预提费用的质量、收入持久性负相关。Beneish 等人发现，公司披露内控缺陷相当于告诉市场它的财务报告质量不佳，投资者因此将上调公司风险水平，并且公司股价最终将对此有所反应。

有两个竞争理论提供了激励管理层持股的会计选择：侵占效应（即控股股东为了私人利益而牺牲少数股东）和激励效应（即控股股东的利益与公司价值紧密联系在一起）。这两种效应预测了股权集中度与盈余质量之间关系的不同方向。目前，关于哪种效应占主导地位的结论是不同的。

我国学者系统性地研究了盈余管理与以下几个公司特征之间

的关系：董事会、股权、监事会以及管理层结构。刘立国和杜莹选取了25家由于财务舞弊而受到证监会处罚的上市公司以及25家参照公司，时间窗口是1994年到2002年6月，系统性地探讨了财务舞弊和公司治理之间的关系，最终发现：财务舞弊和监事会规模、内部人控制、董事会中的执行董事比例以及法人股比例正相关，而与流通股比例负相关；国资局是第一大股东的公司发生财务造假的可能性更大。通过对比研究A股2001年至2005年被证监会公开处罚、批评或者谴责的195家上市公司和195家参照公司，蔡志岳和吴世农发现，太大的董事会规模将影响工作效率，独立董事的比例与公司经营的规范性呈正相关关系，公司行为在某种程度上能够因设立审计委员会而被监督和约束。王化成等人通过研究上市公司的公司治理对盈余质量的影响发现：上市公司盈余质量与独立董事比例、前五大股东持股比例的差异程度以及第一大股东持股比例正相关，而与资产负债率负相关；另外，国有控股上市公司的盈余质量相对更高。通过对财务舞弊的实证研究，陆娅琳发现进行过财务报告舞弊的公司存在以下特征：就股权结构而言，它们有较低的股权集中度、流通股比例和较高的法人股、国有股比例，另外，国资局很可能出现在它们的前三大股东中；就董事会特征而言，它们存在较多的股东大会无记名投票、两职合一现象以及较低的股东大会出席率；就公司业绩而言，它们的业绩往往较差。贾旭以2007年深市141家信息披露评级为良好的上市公司为研究对象，研究发现内部控制质量越好的企业，会计盈余信息质量越高；内部控制环境越好的公司，会计盈余信息质量越高。

（4）审计师。

审计师通过减轻故意和无意的虚报中的作用影响盈余质量。审计师减轻虚报的能力也是报告质量的体现。Francis和Wang的研究认为，经四大审计的公司，投资者保护和盈余质量正相关。

审计师事务所的费用结构和规模是相关研究中最常用的两种特征。Firth，Kim 和 Chung 等学者通过研究表明，规模大的审计师事务所审计的公司，其可操纵应计利润显著较低。2007 年，Srinidhi 和 Gul 的研究发现，事务所审计费用幅度和预提费用的质量正相关。对于非审计费用方面的研究，余怒涛等人指出，被出具非标准审计意见的公司盈余质量较低；年报披露越及时，公司盈余质量越高。

（5）资本市场激励机制。

筹集资本时公司会进行会计选择的成本效益权衡。Teoh，Wong 和 Rao 研究发现，企业会在首次公开招股发售价之前，操纵应计利润来增加收入。吴联生等人研究表明，首发并上市的公司、经营业绩差的上市公司以及申请配股的公司为避免亏损会进行盈余管理，其会计信息质量较低。

（6）外部因素。

外部因素包括国家的宏观经济政策、政治进程以及国家税收、非税收调节政策。

当面临政治压力时，政治进程会促使公司管理层进行盈余管理，管理者通过操纵应计利润减少收入，从而减少因利润而产生的政治关注或监管，避免付出昂贵代价的干预。杜凤英通过研究分析认为，国有股权主体"缺位"导致内控机制失效，影响会计信息质量。另外，国有股权"一股独大"产生"内部人控制"，会进一步影响会计信息的质量。张翼和马光通过研究表明，公司发生财务丑闻的可能性与该地区的法律制度和信用发展水平等相关。罗占成的研究表明：国有股权主体"缺位"与产权关系不明，产权关系中各行为主体的利益冲突，约束机制与激励机制的失衡，国有企业改革阻力大、监督弱化，政府职能与市场机制的缺陷，外部监督机制缺位与资源配置模式缺陷等，是导致我国国有企业会计信息失真的主要问题。该研究同时认为：通过完善公司治理结构、平衡激励机制与约束机制、强化契约关系和会计监督体制等方法可以有效改善我国国有企业会计信息的质量。

潘红波、吴萌等人以我国"十一五"和"十二五"规划期间即2006—2016年全部A股上市公司为样本，以可操纵性应计衡量会计信息质量，分析产业政策对企业会计信息质量的影响，发现当公司处于产业政策鼓励类行业时，其会计信息质量更高。进一步研究发现，产业政策对企业会计信息质量的正面效应主要发生在国有企业和东部地区。这表明，产业政策主要通过"政策环境效应"和"监督效应"改善了鼓励类行业的外部环境，也使得鼓励类行业公司受到了更多的关注和监督，弱化了企业的盈余管理动机，同时抑制了管理层的机会主义行为，进而有助于提高企业的会计信息质量。研究结果为产业政策的差异化制定提供了政策建议，能够更大效用地发挥产业政策在促进产业升级、技术进步方面的作用。

李荣、王瑜等人以2007—2018年A股上市公司为样本，采用PSM、DID、工具变量等方法控制内生性问题并进行其他稳健性检验，研究互联网商业模式对企业盈余质量的影响。研究发现，互联网商业模式显著降低了上市公司盈余质量，且表现为进行了更多向上的盈余管理；其次，互联网商业模式降低了上市公司盈余质量的渠道。主要缘于以下两点：一是互联网商业模式下企业经营复杂性上升，组织结构和业务流程比传统商业模式更复杂，给内部人提供了更多的盈余管理机会。二是与传统商业模式相比，互联网商业模式下分销渠道的脱媒化、跨领域经营等新的交易特点使得外部的监督难度和监督成本增加，内部人更容易进行盈余管理。

2）会计信息质量后果

（1）资本市场后果。

针对盈余质量的资本市场后果，相关研究主要集中于：围绕盈利公告之日短期窗口中股票价格的回报、同期长窗口的股价回报、盈余信息公布之后未来的股票收益相关的信息、市场估值、权益资本成本以及债务资本成本。

同期的短期窗口回报研究包括：Wilson 的研究表明，如果企业的盈利主要靠现金流量，则市场的反应更有利；Hammersley，Myers 和 Shakespeare 等人经研究认为，内控程序缺陷的报告引发2%左右的较小的股票负相关反应。对于同期的长期窗口回报的研究则认为盈利质量随测量方式的不同而引发不同的市场后果；审计的质量水平与同期的长期窗口中的股票价格回报呈正相关关系。

Kasznik 和 McNichols 的研究表明，如果一贯符合分析师的预期，公司将获得较高的估值奖励。Myers 和 Skinner 研究表明，如果公司最终错过了目标，将立即失去额外的估值。

Francis 等人经研究发现，权益资本成本的预测与企业盈利的长久性、稳定性、应计质量以及价值的相关性和及时性相关，而与保守主义和可预见性无关，其中应计质量对权益资本影响最大。Francis 等人经研究发现，高债务成本的企业存在低的应计质量。Anderson 等人经研究发现，较低的公司债务成本是因为董事会和审计委员会独立性较高，董事会规模较大。

基于前人的研究成果，Watts 经研究发现，对于 GAAP 中不符合稳健性的条款，债务契约会对其起到调整作用，从而更好地维护债权人的利益。Beatty 等人的研究表明，会计灵活性会影响企业的借款成本。孙铮、刘凤委、汪辉的研究发现，相较债务比重比较低的公司，公司的债务比重越高其选择的会计政策越稳健，同时债权人希望并要求陷入财务困境的企业要采取更加稳健的会计政策。陆正飞经研究认为企业会计信息会影响债权人的决策和产权保护。我国新颁布的会计准则，在运用谨慎性原则以及合并会计报表编制等许多方面都体现了对债权人利益的保护。

王克敏等人的研究表明，公司信息透明度越差，大股东占用问题越严重。周中胜和陈汉文的研究表明，在股票市场的规模和流动性既定的情况下，证券市场资源配置效率的好坏受会计信息透明度高低的影响。总之，市场的反应不佳往往是因为盈利质量较低。

（2）非市场影响。

相关研究主要集中于对公司的诉讼，董事及高管的变更、薪酬奖励、审计意见以及分析师的预测，包括投融资活动和披露决策的实际活动等方面。Palmrose 和 Scholz 等人的研究表明，很多公司诉讼的增加可能受到重述的影响。Biddle 和 Hilary 的研究表明，企业管理层和外部投资者的信息不对称程度会随企业会计质量的提升（如保守主义、收益平滑）而反向变动，从而提高投资者的投资回报。Karpoff 等人的研究表明，执行期结束后离职的人，其中 93% 是因为误报而负责的个人。Francis 和 Krishnan 的研究认为，高的预提费用更容易导致企业得到非标准的审计意见。此外，McNichols 和 Stubben 的研究表明，在假定因相信误报的增长趋势引发过度投资的前提下，在误报期间，公司可能会进行过度投资。

韩美妮、王福胜等人以 2001—2013 年我国 A 股上市公司为样本，从生产价值、财务价值和市场价值三方面考察了技术创新的价值效应，并探究了会计信息质量对技术创新价值效应的影响。结果表明：技术创新对企业的生产价值、财务价值和市场价值均有显著的正向影响，较高的会计信息质量能够显著地提高技术创新对三种价值的正向影响。进一步研究表明，无论是在国有企业还是在非国有企业中，技术创新均可发挥显著的正向价值效应，并且较高的会计信息质量可显著地提高技术创新的正向价值效应。但是，技术创新对国有企业的正向价值效应要显著低于非国有企业，并且较高的会计信息质量对国有企业技术创新价值效应的提升作用也要显著地低于非国有企业。

黎来芳、张伟华等人以货币政策为视角，以修正的琼斯模型计算可操纵性应计的绝对值来衡量会计信息质量，实证研究不同货币政策环境下，会计信息质量在民营企业银行贷款和商业信用融资这两类负债融资中发挥的作用。Christopher S. Armstrong 等人考察了会计信息质量如何影响企业对货币政策的反应。企业会计报告质量通过影响企业与资本提供者之间的信息不对称，在货币政策传导中发挥作用。研究发现会计质量会调节公司对股票市场的反应和未来投资对货币政策意外变化的敏感性。此外，对于成长机会较多、财务约束较多的企业，前一种关系被放大，这与会计质量对货币政策传导的调节作用更为一致。

3）会计信息质量经验研究的不足与完善

Patricia Dechow 等人经研究提出，目前会计信息质量的研究无法区分盈余管理和经济实质，并主要关注盈余管理方面，而忽略了经济实质对盈余质量的影响。魏明海经研究提出会计信息质量的经验研究仍然存在以下三个严重的问题：①可靠性等特征较少涉及，其他质量特征之间的关系也不是很清楚，甚至有很多矛盾的地方；②经验研究与概念框架中会计信息质量特征在概念含义上相距甚远；③经验研究的结论还存在很多的分歧，经常会出现与之相对立的观点、认识或发现，需要进一步研究这些测量方法和替代变量的适用性和科学性。因此，他认为对于完善会计信息质量的研究更应该关注其研究的结果和过程。其中，研究结果是指企业所披露的信息不仅包括财务报告本身，而且包括其经济后果，并且依据使用者所需要信息的不同，其经济后果也不同；研究过程则是指信息的生成过程，尤其是对于会计政策的选择和运用情况。

魏明海认为国外的学者对于完善会计信息质量的研究更关注盈余信息。我国的相关研究也非常关注资产负债表信息质量与盈余信息之间的关系。国有企业中，国有资产的保值增值是国有资产管理部门最关心的目标。因此，基于该目标，企业和会计监管机构都非常关注企业的资产负债表信息及其质量，并影响会计准则的制定和执行。此外，对于我国会计信息质量的研究，不仅应该关注国际上普遍运用的市场变量、调查评估变量、会计变量和综合变量等4种变量指标，还应该结合我国国情，尤其是在我国上市公司中国有企业占比较大的情况，因此开放和开发政府变量十分必要。

综上所述，国内外有关会计信息质量的研究概括如表2-1所示。

表2-1　会计信息质量影响因素和后果实证研究成果

盈余质量代理变量	盈余质量影响因素	盈余质量后果
盈余性质： 　持续性和应计、平滑度、及时确认损失、对标	公司特征： 　盈利或亏损、成长与投资、及时性的非对称性、负债和资本结构、规模	资本市场： 　回报、市场估值、时间不对称性、负债和权益成本、负债价格
市场反应系数： 　会计方法与市场反应系数 公司特征与市场反应系数 信息环境与市场反应系数	财务报告惯例	非权益市场： 　诉讼、补偿、高管变更、审计意见、分析师决策、真实交易
财务报告质量： 　证监会处罚、重述、内部控制程序	治理与控制： 　董事会、内部控制程序、管理层所有权、财务补偿的外部显示、经理变化	审计师： 　会计师事务所规模、审计费用、其他审计师特征
	资本市场激励： 　筹集资本时间、以盈余为基础的目标	
	外部因素： 　政治过程、资本监管、税收监管、内控法规等	

三、交通运输及相关行业会计信息质量研究

1）交通运输会计信息质量研究

郭锐基于应计质量视角，研究了非金融类上市公司的会计信息质量，研究表明我国的上市公司会计信息质量有所提高，电力、煤气及水的生产、建筑、交通运输及仓储等行业会计信息质量较好。

巴金亮的研究指出，目前我国铁路运输企业的会计信息风险主要产生于预算管理、会计信息系统、会计核算、内部审计监督环节。同时，由于我国铁路行业资产没有活跃的市场，也没有相似报价，因此在理论方法和实际操作中我国铁路运输企业均未实行公允价值计量。

吕晋慧、徐德生的研究从公司特征、董事会特征和监事会规模三方面揭示影响我国交通运输行业上市公司会计信息披露质量的因素。以 2001—2012 年深圳证券交易所交通运输行业 19 个上市公司为样本，采用加权最小二乘法进行拟合，通过实证分析方法分析深交所交通运输行业信息披露质量的影响因素，为提高该行业信息披露质量提供依据。

邓寄秋的研究表明，在会计和财务方面，我国铁路运输企业面临的问题主要有：首先，不能很好地执行会计准则的相关规定，个别企业通过虚增利润、虚减成本、不确认收入以及跨年度调节利润等方式来粉饰财务报表或不充分披露信息。同时，为了获得银行信贷支持，企业还会虚增资产、虚减负债、虚假扩大收入规模等。其次，个别企业欠缺完善的财务管理和内部控制制度，虚假报账、非法侵占国家资产等；再次，主营业务和其他业务相互交叉，产权、分配及管理关系模糊不清；最后，个别企业的财务人员专业知识储备不足，专业技能和职业道德缺乏，无法胜任会计工作。

李凤华经研究认为，内部控制机制的缺乏严重影响铁路企业的财务工作，导致会计信息失真等问题。同时提出，应通过全面预算管理、优化内部环境以及完善信息沟通系统等有效措施以完善和加强企业内部控制制度，从而提升企业的会计信息质量。王翠梅经研究提出，通过建立健全资金管理体系，完善现代企业制度，进一步深化全面预算管理，提升整体财务水平等方式能够有效解决铁路企业内部控制缺陷问题，从而提升企业的会计信息质量。

彭芳经研究认为，铁路各站段之间存在距离远，信息传递慢等问题，影响了企业的会计工作和财务信息汇总工作。因此，应加快建设铁路会计信息现代化，提高信息传递的效率，从而提升企业会计信息质量。

鲍春主要针对铁路会计信息系统的使用问题进行了研究。她指出不相容职务未分离和授权管理混乱等是目前铁路会计信息系统最突出的问题，因此，应完善和加强会计信息系统建设，降低会计信息被篡改的风险，从而提高企业的会计信息质量。

2）其他相关行业会计信息质量研究

邓刘欢指出政府、企业和公众对真实的会计信息有着强烈的需求，特别是近几年发展迅速的电力行业，更是时刻都被广大人民群众所关注。由于体制等一系列原因，电力企业会计监管问题日益暴露，产生了社会对电力企业的信任危机。如何加强电力行业的会计监督，改善电力行业会计信息质量，成为当下的热点问题。

黄欣经研究认为，会计信息失真是目前制约我国通信业会计信息质量的主要影响因素。

施惠丽提出在对通信行业进行财政监督时需要五关注五突出，包括：关注电信业务收入，突出真实性；关注成本费用，突出合规性；关注合并会计报表，突出完整性；关注工程项目收支，突出准确性；关注税收收入，突出严肃性。

肖海燕、杨国芳等学者普遍认为会计信息很大程度上依赖于会计人员的职业判断，因此提高会计人员的知识水平、专业胜任能力以及职业道德素质，能够提高职业判断的准确性，从而提升企业会计信息质量。

第三节 理论与文献评价

一、理论与文献评价概述

会计目标是会计理论的逻辑起点，它明确了会计的使命和服务对象，为界定会计信息质量提供立足点，即会计信息质量高低取决于满足主要会计信息使用者的决策有用性程度。而价值流理论与信息不对称理论、信号传递理论、委托代理理论结合一起，可以看出在企业所有权和经营权分离的情况下，一方面，企业会计信息作为价值反映应该能够减少所有者和经营者之间的信息不对称；另一方面，也会因为委托代理关系产生会计信息质量问题。而内部控制的设计和实施有助于防范各种经营风险和管理风险，从而确保会计原始数据的收集、加工和报告的质量。

国内外会计准则制定机构对会计信息质量评价标准的研究已经逐步成熟。有关盈余质量的实证研究也极为丰富，主要涉及盈余质量的计量、影响因素、经济后果等方面。然而有关定量方法研究会计信息质量问题的研究往往较为分散，未能形成一套整体系统，因而对会计信息质量进行整体评价还缺乏有效的办法。盈余的持续性、平滑度是从盈余结果的统计学属性来评价会计信息的质量，盈余市场反应是借助于资本市场评价盈余的质量。这两种方法侧重于盈余结果的质量，但缺乏对盈余信息供给过程质量的考虑。另外，各个评价模型仍存在一定的局限性，例如：基于披露的角度并没有一个具体的评价标准去分析评价会计信息，从而影响评价结果的准确性和权威性。

因为铁路运输企业普遍是非上市企业，所以并不适宜采用盈余反应系数等模型来计量盈余质量，同时盈余质量的计量指标体系还不够全面，因此尚不能全面反映铁路运输企业会计信息质量。另外，国内铁路运输行业会计信息质量工作相关研究内容比较分散，缺乏理论分析和系统阐述。

二、需要进一步研究的问题

铁路具有复杂的产业属性，并通过其运输组织过程对铁路会计信息质量产生重要影响。因此，需要建立铁路会计信息质量的形成机制，理清产业属性对会计信息质量产生影响的机理，明确铁路会计信息质量的特性，进一步研究优化铁路会计信息质量的路径，从而为改善我国铁路会计信息质量理论和实际操作体系提供新的视角，为中国铁路产业改革和国家战略实施提供理论支持。

第三章

我国铁路会计信息质量特征框架的构建与应用

　　会计信息质量特征是对标准会计信息所应具有规范的描述，也是最能评判会计信息质量的要素。铁路运输的会计信息使用者对质量的需求具有一定的个性化，本章基于前文的分析，研究构建适合于铁路运输的会计信息质量特征框架。铁路运输企业会计信息需要遵守如下原则。

　　（1）成本效益原则。

　　"成本效益原则"是指产生会计信息所需要资源的消耗应该小于其所带来的效益。会计信息质量是指会计信息服务消费者的能力。构建会计信息质量框架需要首先遵守的就是成本效益原则。

　　（2）兼顾会计标准与重要利益相关者的信息需求。

　　首先，国内会计准则与 IFRS 对于会计质量信息的要求已基本一致。为了使会计信息符合审查要求，就应该遵守这些准则。其次，应该充分发挥学术界对于该领域的贡献。在铁路交通产业发展迅速，需要大量资金支持，拓宽多种融资渠道的改革之际，用学术界的最新理论来完善会计信息质量也是非常好的办法。最后，经济属性与管理属性是深深烙印在铁路经济活动当中的，因此，铁路运输企业会计信息质量框架还应考虑该行业特殊的要求。

（3）科学和前瞻性原则。

铁路运输行业已经进入国企改革的关键阶段，产权多元化和经营的市场化是大势所趋。为了满足政府、投资人、债权人等重要利益相关者共同治理企业的信息需求，需要面向未来，构建有利于明晰产权、维护产权，科学、规范的铁路运输会计信息质量特征框架。

第一节　铁路会计信息质量特征框架

结合企业会计准则对会计信息质量特征的规定以及铁路产业属性的特征，本书认为真实性、相关性、可比性、谨慎性、透明度是政府、投资人和债权人等重要会计信息使用者对铁路运输会计信息质量的主要要求，如图3-1所示，各项特征的主要内涵如表3-1所示。这五项特征的重要性程度有所不同，因此，可将铁路运输企业的会计信息质量特征划分为基本性的和辅助性的两大类。基本质量特征即最基本、最重要的会计信息质量特征，主要是用来保证决策有用的。此处确定的基本质量特征有三个：真实性、相关性、可比性。其中真实性和相关性是国内外会计界公认的基本质量特征，是对会计信息最基本的质量要求。考虑到铁路运输企业内部管理对各站段及路局会计信息可比的要求，以及由对外融资带来的对会计信息可比的要求，将可比性也列入基本质量特征。由于铁路运输行业网络化生产，各个企业和单位之间联动性强，收入统一分配，行业内部的管理和收入的分配需要可比性强的信息。因此，铁路运输行业内部的会计政策统一、可比是重要的会计信息质量特征。

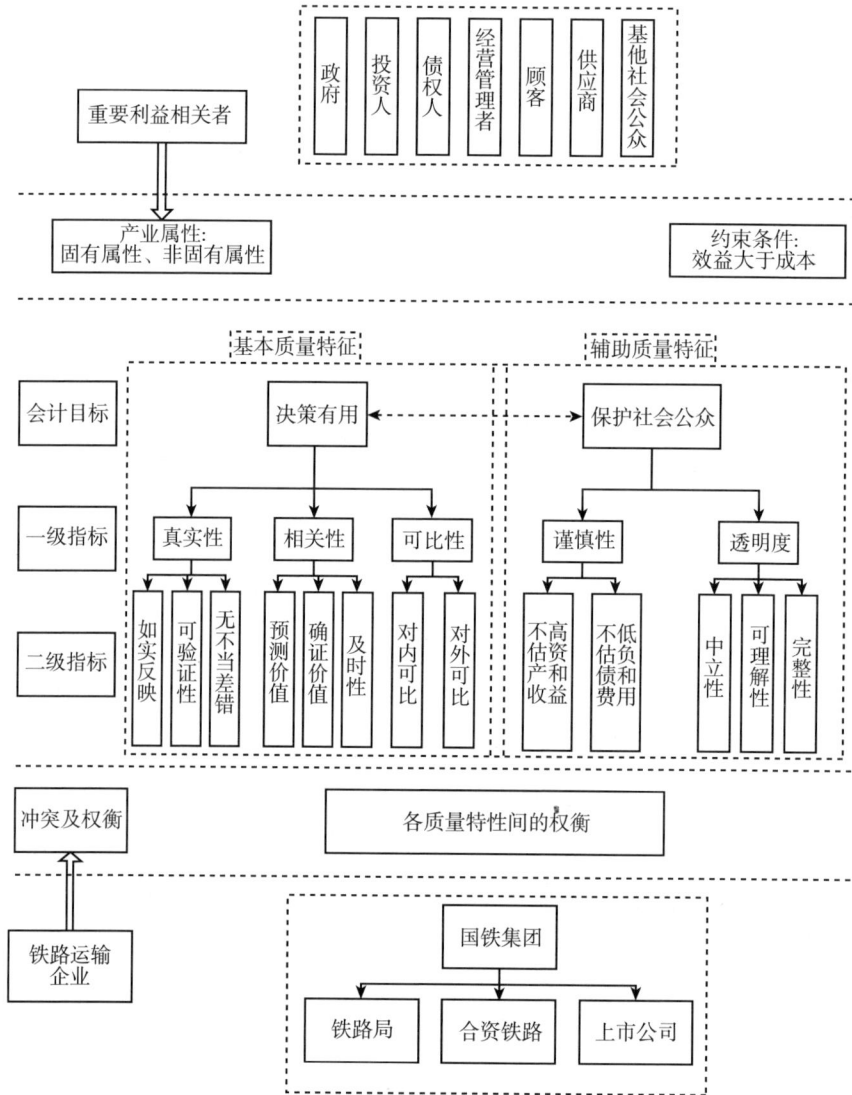

图 3－1 铁路会计信息质量特征示意图

表 3 - 1　铁路会计信息质量特征的内涵

特征	内涵	次级质量特征
真实性	反映财务信息可靠程度的属性	如实反映；可验证性；无不当差错
相关性	使财务信息与使用者决策相关联的质量属性	预测价值；确证价值；及时性
可比性	令使用者能够比较某两个时点或某两个期间交易或事项，以及财务业绩的相似之处及其差异的质量属性	对内可比（同一企业不同时期可比）；对外可比（不同企业相同会计期间可比）
谨慎性	为了避免管理者的过于乐观，要求企业对交易或者事项进行会计确认、计量和报告时，应对风险进行充分估计	不高估资产和收益；不低估负债和费用
透明度	要求企业公开披露可靠与及时的信息，有助于信息使用者准确评价企业的财务状况和业绩、经营活动、风险分布及风险管理实务	中立性；可理解性；完整性

　　辅助质量特征补充和完善了基本质量特征，在确保决策有用的前提下，更侧重于保护利益相关者，进而提高会计信息质量。因此将谨慎性与透明度认定为辅助质量特征。谨慎性主要用来防范风险。企业在经营过程中，会遇到各种风险，包括经济风险、技术风险、内部经营风险等。例如，技术进步、重载带来的固定资产和无形资产的使用年限缩短等，这既会影响企业资产的使用价值，也会影响企业现在和未来的可持续发展能力。在面临各种不确定性因素的时候，谨慎性要求铁路运输企业在充分考虑各方面的风险的前提下，做出恰当的职业判断。另外，谨慎性是保护债权人利益的良好保障。与股东不同，债权人的投资目的是安全收回贷款本金和利息。因此，债权人在进行信贷决策的时候，最

关心的问题是企业资产的流动性和变现价值。铁路运输行业属于资本密集型行业，资产规模大、专用性强、难以变现。为了加强流动性风险的防范，需要铁路运输企业提供更加谨慎的会计信息，以避免高估资产和偿债能力。在实际应用中，谨慎性要求企业既不故意高估资产和收入，也不故意低估负债和费用。否则，会计信息使用者将无法了解企业的真实财务状况及经营成果，由此将可能做出错误的决策，这就违背了会计准则的基本要求。

针对铁路的网络性特征，需要提高铁路会计信息的透明度。透明度具体包括以下三项次级特征：中立性、可理解性和完整性。要求企业对关联交易和内部收入分配等信息的披露要充分。结合铁路运输具有很强的公益性特征，除了财务信息外，还需披露非财务绩效，包括社会绩效和环境绩效等方面信息。

概括地说，除了真实性、相关性基本评价标准外，基于铁路运输行业网络化经营、运输活动存在公益性的特征，行业内部可比性和透明度对铁路运输企业的会计信息来说也很重要。考虑到国内运输市场比较大，铁路运输行业整体经营风险比较小，资产以实物资产为主，相对来说减值风险较低。另外，透明度的提升也可以通过新闻媒体报道、公司网站信息披露等方式实现。因此，谨慎性和透明度这两项质量特性相比前三项来说，重要性程度要小一些。

第二节　我国铁路会计信息质量评价

基于前节研究得到的铁路运输会计信息质量特征框架，依照以下原则设计评价指标体系。

（1）系统性。

会计信息质量受到各种因素的影响，因此为了对其进行全面细致的评价，有必要站在不同的角度全方位地审视待评价的会计信息。系统性是指在评价会计信息质量之前，先构建一个关于会计信息质量评价影响因素的体系，以明确它们之间的内在逻辑关系。系统性要求会计信息指标体系应该具有完整性、相关性、稳定性、层次性。

（2）可操作性。

在设计评价指标的时候，不仅要考虑国内监管环境和铁路运输企业的运营管理制度，还要考虑指称的可操作性。即使某个评价指标很合适，但如果实际操作的时候成本太大，则需要从成本效益比的角度考虑是否有较易操作的指标来代替它。例如，虽然真实性是投资者对会计信息的首要要求，但实际上很难甄别某个会计信息是否可靠。因此，综合考虑会计标准、内部控制和外部监督对会计信息真实性的作用，使用合规性、经济实质重于形式、内外部评价这些容易观察和评价的指标来对其进行评价。其中，合规性主要考察企业内部控制和会计基础工作规范的质量；经济实质重于形式主要体现在会计政策的运用是否合理反映行业价值流，这是对真实性内涵的进一步提升；内外部评价来自企业内部审计、外部审计和社会监督部门对会计信息质量评价的结果，具有较好的可观察性。又如，相关性质量特征中的可预测性可分别用收益指数和核心利润所占比率来计量。收益指数越高，说明企业盈利与现金流偏差越小，收益对现金流的预测能力越强；由于核心利润持续性、稳定性较好，核心利润在收益中所占比率越大，说明利润的可预测性越好。

（3）科学性。

在铁路运输企业会计信息质量特征框架的指导下，设计基本指标的时候要兼顾决策有用和保护投资者、债权人这两个目标。

一、铁路会计信息质量评价指标体系

铁路会计信息质量评价指标体系如表3－2所示。

表3－2　铁路会计信息质量评价指标体系

一级指标	二级指标	三级指标		权重	
基本质量特征	真实性 A_1	内部控制的有效性 B_1	内部控制制度是否完整 B_{11}	0.269	0.196
			内部控制是否有效执行 B_{12}	0.345	
			会计基础工作规范性 B_{13}	0.386	
		实质重于形式 B_2	关联方关系认定 B_{21}	0.157	0.466
			收入确认与计量的适当性 B_{22}	0.460	
			资产会计处理 B_{23}	0.089	
			负债会计处理 B_{24}	0.294	
		内外部评价 B_3	中国证监会的行政处罚情况 B_{31}	0.241	0.338
			财政执法检查情况 B_{32}	0.256	
			税务工商执法检查情况 B_{33}	0.164	
			政府、社会和内部审计 B_{34}	0.339	
	相关性 A_2	及时性 B_4	财务报告公布（报出）的及时性 B_{41}	0.157	0.289
			重大事项报告及时性 B_{42}	0.460	
			会计业务处理的及时性 B_{43}	0.089	
			其他资讯反映及时情况 B_{44}	0.294	
		可预测性 B_5	核心利润的稳定性 B_{51}	0.750	0.414
			盈亏与现金流的偏差 B_{52}	0.250	
		可评估性 B_6	对预算和计划执行的反馈情况 B_{61}	0.500	0.297
			对分析师预期的验证性 B_{62}	0.500	
	可比性 A_3	不同时期 B_7	会计政策是.否变更频繁，理由是否充分 B_{71}	0.500	0.426
			会计估计是否变更频繁，理由是否充分 B_{72}	0.500	
		企业之间 B_8	主要会计政策、会计估计与内部企业是否可比 B_{81}	0.750	0.574
			主要会计政策、会计估计与外部企业是否可比 B_{82}	0.250	

权重（一级指标）：真实性 0.318，相关性 0.226，可比性 0.228

续表

一级指标	二级指标	三级指标		权重		
辅助质量特征	谨慎性 A_4	谨慎性权衡 B_9	或有事项的确认是否合理 B_{91}	0.400	1.000	0.115
			计提减值准备是否合理 B_{92}	0.600		
	透明度 A_5	可理解性 B_{10}	信息表达意思明确 B_{10-1}	0.524	0.473	
			对有关方面质疑的问题回答清楚明白 B_{10-2}	0.476		
		完整性 B_{11}	财务报告的内容、结构是否完整 B_{11-1}	0.163	0.527	0.113
			非财务信息是否充分披露 B_{11-2}	0.308		
			会计政策、会计估计变更是否充分披露 B_{11-3}	0.411		
			关联交易信息是否充分披露 B_{11-4}	0.118		

二、铁路运输企业会计信息质量评价模型构建

模糊综合评价方法的理论依据是：在对铁路会计信息质量进行评价时，人们面临的是一个相互关联、相互制约的众多因素构成的复杂系统，内涵和外延都不十分明确，各因素具有模糊性。为了使模糊因素数量化，建立模糊评价模型，将多个表述会计信息质量的性质、内容不同的指标归一为单一指标，以便对会计信息质量做出有依据的评价。

1）权重的确定

每一指标的权重反映了各个指标在指标体系中的重要程度，确定权重的方法主要有层次分析法（AHP）、Delphi 法、主成分分析法、相关系数法等。本节利用层次分析法，通过把每一层次中的指标进行两两比较，确定层次中各指标对于上一层次指标的重要程度，构建两两比较判断矩阵，然后根据专家的判断来决定各指标相对重要性的总顺序，从而确定各指标的权重。其步骤与方法如下。

（1）建立递阶层次结构。

分析会计信息质量评价指标间的关系，明确各个层次的因素

及其位置,建立系统的递阶层次结构。

(2) 构造判断矩阵。

首先,建立评价各级指标递阶层次结构体系,根据上下层次之间的隶属关系,构造判断矩阵 A。其方法是:每一个具有向下隶属关系的指标(上一级指标)作为判断矩阵左上角的第一个元素,隶属于它的各个指标依次排列在其后的第一行和第一列。填写此矩阵时向填写人(专家)反复询问:判断矩阵的两个元素两两比较哪个重要,重要多少,并按 1~9 级比例标度法(见表 3-3)对重要性程度进行赋值。

表 3-3　1~9 级比例标度法判断矩阵标准度

重要性标度	含义
1	表示两个元素相比,具有同等重要性
3	表示两个元素相比,前者比后者稍重要
5	表示两个元素相比,前者比后者明显重要
7	表示两个元素相比,前者比后者强烈重要
9	表示两个元素相比,前者比后者极端重要
2,4,6,8	表示上述判断的中间值
倒数	若元素 i 与元素 j 的重要性之比为 a_{ij},则元素 j 与元素 i 的重要性之比为 $a_{ji} = 1/a_{ij}$

(3) 层次单排序(计算权向量)。

根据判断矩阵提供的信息,计算针对上一层某因素的本层与之有联系的因素的重要性次序的权重。可采用和积法求解得到判断矩阵的特征根和特征向量,特征向量代表该层各因素对上一层某因素影响大小的权重。

将判断矩阵的每一列向量归一化得到:

$$\overline{b}_{ij} = \frac{b_{ij}}{\sum_{k=1}^{n} b_{kj}} \qquad (i = 1,2,\cdots,n) \qquad (3.1)$$

对 $\overline{b}_{ij}$ 按行求和，得到：

$$\overline{w}_i = \sum_{j=1}^{n} \overline{b}_{ij} \qquad (i = 1,2,\cdots,n) \qquad (3.2)$$

将向量 $\boldsymbol{w} = [w_1, w_2, \cdots, w_n]^T$ 归一化，即得到近似特征向量：

$$w_i = \frac{\overline{w}_i}{\sum_{i=1}^{n} \overline{w}_i} \qquad (i = 1,2,\cdots,n) \qquad (3.3)$$

计算最大特征根的近似值 $\lambda_{\max} = \sum_{i=1}^{n} \frac{(\boldsymbol{AW})_i}{nw_i}$。

（4）一致性检验。

众所周知，一个正确的判断矩阵重要性排序必须符合一定的逻辑规律，例如若甲比乙重要，乙又比丙重要，则从逻辑上讲，甲应该比丙明显重要。若在进行两两比较时，出现丙比甲重要的结果，逻辑上则该判断矩阵是不合理的。因此在实际工作中需要对判断矩阵进行一致性检验。判断矩阵只有通过一致性检验，才能说明在逻辑上是合理的。

计算一致性指标 $CI = \frac{\lambda_{\max} - n}{n - 1}$，查表（表3-4）得出随机一致性指标 RI，从而得出一致性比率 $CR = CI/RI$。如果 $CR < 0.1$，则矩阵的不一致性程度在容许的范围内，可以直接利用特征向量作为权重向量。否则要重新进行成对比较，对判断矩阵进行调整。

表3-4   平均随机性一致性标度 RI

阶数	1	2	3	4	5	6	7	8	9	10
RI	0	0	0.58	0.9	1.12	1.24	1.32	1.41	1.46	1.49

2）建立模糊综合评价模型

（1）建立因素集。

将评价因素集分为 m 个子因素集，即评价因素集 U 可表示为：$U = \{U_1, U_2, \cdots, U_m\}$，对于每一个 U_i，有 $U_i = \{U_{i1}, U_{i2}, \cdots, U_{in}\}$（$i = 1, 2, \cdots, m$）。

（2）建立评价集。

评价集是评判者对评判对象可能做出的各种评判结果所组成的评价集合。因为评判目的是评价会计信息质量的高低，所以定义评价集 $V = \{V_1, V_2, V_3, V_4, V_5\}$ = ｛质量很高，质量高，质量中，质量低，质量很低｝，对每个子因素 U_i 进行一次模糊综合评判。

（3）确定模糊评价矩阵。

对最末级指标进行单因素模糊评价，确定从 U_i 到上一级指标层的关系矩阵 $\boldsymbol{R}_i$。若单独考虑 U_i（$i = 1, 2, \cdots, m$）下的指标 U_{ij}（$j = 1, 2, \cdots, n$），评判其隶属于第 t 个评语的程度为 r_{ijt}，则可得 U_i 的模糊评价矩阵 $\boldsymbol{R}_i$：

$$\boldsymbol{R}_i = \begin{bmatrix} r_{i11} & r_{i12} & \cdots & r_{i1n} \\ r_{i21} & r_{i22} & \cdots & r_{i2n} \\ \vdots & \vdots & & \vdots \\ r_{im1} & r_{im2} & \cdots & r_{imn} \end{bmatrix}$$

（4）初级综合评价。

先对各最末级指标 B_{ij}（$i = 1$，2，3，…，9）的评判矩阵 R_i 作模糊运算，即用各末级指标的权重乘以对应的模糊关系矩阵，得到上一级指标 B_k 对于评价集 V 的隶属向量 $B(\hat{})k = \{b_{k1}, b_{k2}, \cdots b_{km}\}k \times m = A_k * R_k$，即得到初级综合评价结果。考虑到会计信息质量的评价要兼顾各种因素，此处采用加权平均型 M（·，$\oplus$）算子。

（5）综合评价。

由初级模糊综合评价结果得到上一层指标的模糊评价矩阵 $R = \{B(\hat{})1, B(\hat{})2, \cdots, B(\hat{})m\}^T$，根据其对应的权重向量，按照模糊数学评价模型再对 R 进行模糊矩阵运算，即第二次模糊综合评价，得到对于评价集 V 的隶属向量。同理，如果有多层指标，逐层进行模糊矩阵运算，直至得到最顶层指标对于评价集 V 的隶属向量。

三、铁路运输企业会计信息质量模糊综合评价

本节利用调查问卷方法请铁路工作人员对其所在铁路运输企业的会计信息质量进行了评价。

（1）按照层次分析法，专家组对各层次指标进行了反复两两比较，对各指标权重进行评判，得出了各指标的权重，如表 3-5 所示。

由各指标的权重可以看出，一级指标的重要程度从高到低依次为真实性、可比性、相关性、谨慎性、透明度。

表 3-5　专家评判统计

一级指标	二级指标	三级指标	质量很高	质量高	质量中	质量低	质量很低
真实性 A_1	内部控制的有效性 B_1	内部控制制度是否完整 B_{11}	1	5	6	8	0
		内部控制是否有效执行 B_{12}	2	3	8	6	1
		会计基础工作规范性 B_{13}	1	4	7	7	1
	实质重于形式 B_2	关联方关系的认定情况 B_{21}	6	3	8	2	1
		收入确认遵循实质重于形式的情况 B_{22}	5	4	6	3	2
		资产会计处理 B_{23}	7	4	6	1	2
		负债会计处理 B_{24}	5	5	7	2	1
	内外部评价 B_3	中国证监会的行政处罚情况 B_{31}	6	4	5	2	3
		财政执法检查情况 B_{32}	7	8	5	0	0
		税务工商执法检查情况 B_{33}	7	5	5	2	1
		审计意见（政府、内部和社会审计）B_{34}	3	7	7	3	0
相关性 A_2	及时性 B_4	财务报告公布（报出）的及时性 B_{41}	2	3	11	2	2
		重大事项公告及时性 B_{42}	1	4	13	1	1
		会计业务处理的及时性 B_{43}	2	1	10	5	2
		其他资讯反映及时情况 B_{44}	2	3	8	6	1
	可预测性 B_5	核心利润的持续性 B_{51}	2	4	7	5	2
		盈亏与现金流的偏差 B_{52}	1	3	9	6	1
	可评估性 B_6	对预算和计划执行的反馈情况 B_{61}	2	4	7	5	2
		对分析师预期的验证性 B_{62}	3	4	6	4	3
可比性 A_3	不同时期 B_7	会计政策是否变更频繁，理由是否充分 B_{71}	6	5	8	0	1
		会计估计是否变更频繁，理由是否充分 B_{72}	0	4	10	5	1
	企业之间 B_8	主要会计政策、会计估计与内部企业是否可比 B_{81}	2	4	7	4	3
		主要会计政策、会计估计与外部企业是否可比 B_{82}	6	8	5	1	0
谨慎性 A_4	谨慎性权衡 B_9	或有事项的确认是否合理 B_{91}	1	5	4	7	3
		计提减值准备是否合理 B_{92}	2	4	6	7	1

续表

一级指标	二级指标	三级指标	质量很高	质量高	质量中	质量低	质量很低
透明度 A_5	可理解性 B_{10}	信息表达意思明确 B_{10-1}	3	5	7	3	2
		对有关方面质疑的问题回答清楚明白 B_{10-2}	2	4	5	5	4
	完整性 B_{11}	财务报告的内容、结构是否完整 B_{11-1}	1	4	6	7	2
		非财务信息是否充分披露 B_{11-2}	2	5	7	5	1
		会计政策、会计估计变更是否充分披露 B_{11-3}	1	4	5	6	4
		关联交易信息是否充分披露 B_{11-4}	2	7	7	2	2

（2）专家组对所有三级指标进行模糊评价。专家组对所有三级指标构建模糊关系，对其进行归一化，得到模糊关系矩阵。

（3）进行初级模糊评价。

对各三级指标 B_{kj}（$k=1$，2，$\cdots$，9）的评判矩阵 $\boldsymbol{R}_k$ 做模糊运算，即用各三级指标的权重乘以对应的模糊关系矩阵，得到第一层次综合评价结果，如表 3-6 所示。

表 3-6 一级模糊关系运算结果

	质量很高	质量高	质量中	质量低	质量很低
内部控制的有效性 B_1	0.077	0.196	0.355	0.346	0.027
实质重于形式 B_2	0.267	0.207	0.330	0.119	0.077
内外部评价 B_3	0.270	0.310	0.284	0.091	0.044
及时性 B_4	0.077	0.164	0.547	0.149	0.062
对外可预测性 B_5	0.088	0.188	0.375	0.263	0.088
对内可评估性 B_6	0.125	0.200	0.325	0.225	0.125
不同时期可比性 B_7	0.150	0.225	0.450	0.125	0.050
与其他企业可比 B_8	0.150	0.250	0.325	0.163	0.113
谨慎性权衡 B_9	0.230	0.280	0.200	0.170	0.120
可理解性 B_{10}	0.126	0.226	0.302	0.198	0.148
完整性 B_{11}	0.086	0.267	0.330	0.226	0.091

（4）二级模糊评价。

对各二级指标 B_k（$k=1$，2，…，9）的评判矩阵 $\boldsymbol{R}_k$ 做模糊运算，即用各二级指标的权重乘以对应的模糊关系矩阵，得到第二层次综合评价结果如表 3-7 所示。

表 3-7　二级模糊关系运算结果

	质量很高	质量高	质量中	质量低	质量很低
真实性 A_1	0.231	0.240	0.319	0.154	0.056
相关性 A_2	0.093	0.179	0.453	0.190	0.085
可比性 A_3	0.150	0.231	0.419	0.135	0.066
谨慎性 A_4	0.230	0.280	0.200	0.170	0.120
透明度 A_5	0.105	0.248	0.317	0.213	0.118

根据模糊数学中的最大隶属度原则，从表 3-7 中可以看出，铁路运输企业会计信息真实性、谨慎性的质量为高，可比性、相关性以及透明度的质量为中，需要采取措施，不断提高其信息质量。

（5）三级模糊评价。

由二级模糊综合评价结果得到一级指标的模糊评价矩阵 $\boldsymbol{R} = \{ A\hat{(}) 1, A\hat{(}) 2, A\hat{(}) 3 \}^{\mathrm{T}}$。根据一级指标的权重向量，进行第三次模糊综合评价，得到会计信息质量对于评价集 V 的隶属向量：

$$B\hat{(}) = A * \boldsymbol{R} = (0.180, 0.239, 0.335, 0.164, 0.082)。$$

（6）评价结论。

在模糊数学最大隶属度原则下，本节中的会计信息质量的评价水平为 0.335（高水平）。评价集考核列表示为分数（$\boldsymbol{K} = \{85, 80, 75, 75, 70\}^{\mathrm{T}}$），可以直观地分析、评价会计信息质量的水平。本节中的路局会计信息质量最终得分为 77.59（$W = B$

（^）＊**K**），表明铁路会计信息质量总体水平较好，但是距离理想水平仍然有一定差距。其中，相关性、谨慎性、透明度明显低于真实性和可比性，说明铁路会计信息的决策有用性有待加强。由此可见，最大隶属度原则下的评分和 **W** 值均可用来进行综合评价。其中，作为加权平均数的 **W** 值越大，代表会计信息质量越高。

样本企业会计信息质量的评价结果在一定程度上可以证明该评价体系的科学性，以及综合模糊评价法的可行性。在实践当中，为了保证该评价指标体系的效果，需要注意以下两点：站在会计信息生成的整个流程角度，考虑其中的方方面面；在选择评价专家的时候，除了要考虑合适的人数，还要将范围扩展到会计信息生成过程的各个领域，以及外部信息使用者，并分别赋予权重。

第三节　本章小结

本章基于铁路运输会计信息重要利益相关者的信息质量需求，把铁路运输企业的会计信息质量特征划分为基本性的和辅助性的两大类。同时构建了一个关于铁路运输企业的会计信息质量特征框架，用以描述其会计信息质量的内在含义，该框架也是评价质量的基本标准。基本质量特征即最基本、最重要的会计信息质量特征，主要是用来保证决策有用的。基本质量特征除了真实性、相关性以外，基于铁路运输行业网络化经营、高度集中管理，以及由对外融资带来的要求会计信息可比的考虑，将可比性也列入基本质量特征。辅助质量特征补充和完善了基本质量特征，在确保决策有用的前提下，更侧重于保护利益相关者，进而提高会计信息质量。本章将谨慎性与透明度认定为辅助质量特征。在此基础上，通过设计铁路运输企业会计信息质量的综合评价体系和运用建立的模糊评价模型，对铁路会计信息质量进行了评价，可以表明铁路会计信息质量总体水平较好，但是距离理想水平仍然有一定差距。其中，相关性、谨慎性、透明度明显低于真实性和可比性，说明铁路会计信息的决策有用性有待加强。这在一定程度上证明了我国铁路产业属性确实对铁路会计信息质量造成了比较重大的实质性影响。

第四章

铁路产业属性对会计信息质量的作用机理及优化路径

第一节　铁路产业基本属性

一、铁路产业固有属性

1）网络经济性（规模经济以及范围经济）

经济学当中，规模经济指的是将固定成本分摊到较大生产量时产生的经济性，即随着厂商产出或者生产规模的增大，其产品的平均单位成本呈下降趋势。范围经济则是与单独生产相比较，指的是多产品共同生产的经济性，其实质是一种生产多种产品时共同生产对所需生产要素的成本节约。这两种经济现象也广泛存在于现代运输活动中，但因为运输业复杂的网络特性、产品计量以及运输生产方式使得其规模经济和范围经济很难被把握。

运输业中的规模经济指的是随着运输总产出的不断扩大，

平均运输成本会不断下降；运输业中的范围经济则指的是多种运输产品共同生产相较于单独生产，平均成本会更低。由于运输产品本身的特性，使得其规模经济与范围经济无法分离开来，它们通过相互交叉融合的方式组成了运输业的网络经济。具体来说就是运输总产出的不断扩大使得平均运输成本不断下降，而又由于这一行业规模经济和范围经济不可分离的关系，这一网络经济可以看作是由这两者的转型，即运输密度经济和幅员经济共同构成。运输密度经济是在保持运输网络中幅员不变的情况下，运输产出的扩大可以使得其平均成本不断下降；运输网络的幅员经济则指的是在运输网络密度维持不变的条件下，与运输网络幅员同比例增大的运输总产出可以使得平均成本不断下降。

作为网络型产业的铁路运输业，在技术、经济等方面的关联性相当高。国铁集团的资产由于其网络型的特点散布于全国各地，而非铁路运输业资产也能够随着运输业资产的扩展而扩展，这使得国铁集团有着巨大的资源优势。另外，由于全国各地域经济发展上的不均衡性，导致同样的经营业务在不同地域的收益相差较大。铁路规模经济和范围经济示意图如图4-1所示。

规模经济与范围经济的划分	密度经济和幅员经济划分	网络经济的具体表现		幅员变化与运量密度的关系	
规模经济	密度经济	线路通过密度经济	特定产品线路密度经济	运量在增加，但幅员不变	幅员扩大，同时线路上的运量密度也变化了
			多产品线路通过密度经济		
		载运工具载运能力经济			
		车（船、机）队规模经济			
		港站（枢纽）处理能力经济			
范围经济	幅员经济	线路延长	运输距离经济	幅员扩大，但线路上运量密度不变	
		服务节点增多	由于幅员扩大带来的多产品经济		

图4-1　铁路规模经济和范围经济示意图

2）资产专用性

资产专用性的强度大小反映了某种资产可以用于其他用途或被其他使用者使用而其生产价值不降低的程度高低，这一点是现代公司结构设计的原则之一，由制度经济学派的经济学家威廉姆森提出。一个经济主体的生产要素的专用性（如资产选址的特定性、实物资产本身的专用性、人力资源的专用性、用户订货的专用性和商誉专用性等）越高，其生产要素就越难被转移用于其他性质的生产。这将导致这一经济主体规模的扩大只能具有纵向扩大倾向性，而难以具有横向扩大的倾向性。资产专用性理论认为用作特殊用途的资产被转移用作其他用途后，其价值会降低，甚至无法用于其他用途。这种投资上的专门化，其对象可以为一个国家、一种职业、一项产业，或者一家企业。国铁集团每年固定资产投资（包括基本建设投资、更新改造投资、移动设备投资）从2001年的808.3亿元增长至2019年的8 029亿元。投产新线6 000多km，到2019年底，全国铁路运营里程已近14万km，位居世界第二，其中高铁运营里程为3.5万km，位居世界第一。铁路基本建设投资包括新建铁路，新建枢纽，增建枢纽的到、发、编组场或环线、疏解线，电气化铁路；更新改造投资包括对原有设施进行固定资产更新和技术改造，以及相应配套的辅助性生产、生活福利设施等工程；移动设备投资包括机车车辆的购置。

网络分布是铁路运输企业独特的形成模式，生产任务需要路网的基础设备和路网上的运输器械共同努力和配合才能完成。由于铁路线路的固定性，其路网在建成之后，就难以改向满足其他的使用目的。即使可以实行资源的再度配置，也将导致铁路运输企业付出巨大的代价，造成极大的经济利益损失。这类独特的资产构成了铁路运输企业的"沉没成本"，具有专用性资产的特征。除此以外，与其他行业相比，铁路的运输车辆、高价互换配件及需要其他资产组合增值的品牌和技术等无形资产均具有特定用途。因此，本书研究的铁路运输企业的专用性资产范围拓展到存货、固定资产、无形资产几种类型。

由于长期以来对资产专用性问题的忽视，国铁集团的实物资产具有较强的专用性，许多重要生产要素的用途指向性非常强，对其附加的经济价值考虑不足。目前这一状况正在发生改变，亟待作为重点事项考虑。从资源价值管理的角度，资产专用性的影响有二：一是导致较多生产要素难以进行资产置换；二是要增加现有资产的附加经济值可能需要付出较高成本。除此之外，铁路资产较强的专用性特征也进一步提高了铁路投资进入或退出的"门槛"，制约了铁路市场的进一步开放。

3）公益性

公益性是和经营性相对的概念，并且在不同的行业、不同的领域表现不同。如在教育行业，义务教育属于公益性行为；在医疗行业，无偿献血是公益性行为。本书在铁路运输领域对公益性进行界定，即铁路运输产品具有外部性，但无法得到补偿，而公益性主要体现的外部性概念是成本补偿问题。即如果某种运输产品是必要的且可以完全通过市场补偿成本和投资，就具有100%的经营性；若必须通过政府补贴才能补偿成本和投资，就带有了公益性。公益性的多少或程度可以人为确定，不同政策指向会导致公益性水平的变化，如图4－2所示。

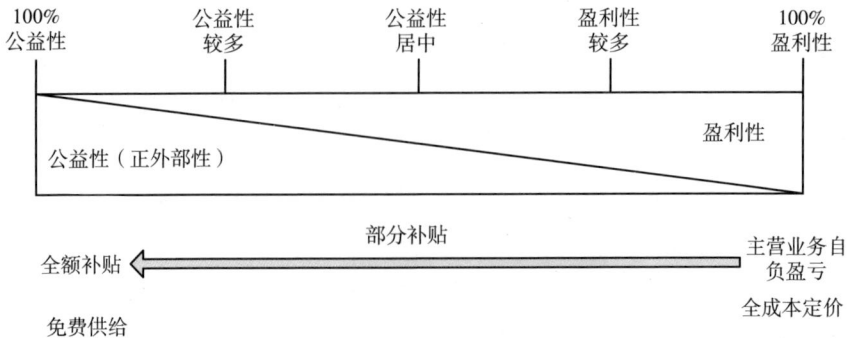

图4－2　铁路公益性程度示意图

　　交通运输的公益性是指某种必要的运输服务只能在政府救助或提供相关政策的情况下才能收回成本和投资的一种属性。必要性是指提供的产品或服务是必不可少的，如果缺失会导致居民基本出行权利受损，其他运输方式对其替代性较差或居民偏好于该运输产品。在社会主义市场经济条件下，公益性与经营性并存是我国铁路行业的经济特性。铁路的公益性主要指的是铁路所担负的社会功能，如国土开发、降低地区经济的发展差距、巩固民族团结、满足军事需求、抢险救灾物资的运输等一系列非经济性的，对社会生活以及国民经济具有基础性作用的建设项目及运输服务等职能。铁路的经营性指的是作为一个企业，铁路在提供运输服务中，其目的仍然是经济效益的最大化。如何处理这两个性质之间的矛盾，也成为铁路体制改革中的一个核心问题。

　　由于铁路的公益性，其相关的非经济性建设项目的运输服务难以通过市场化的方式来建设经营，有社会公益需求的政府将是唯一的合理供应者，当然实际工作仍由铁路企业来实施，因此铁路服务将具有公共产品特性。与此同时，在经济发展以及运输市场都比较完善的地方，铁路企业的运营又具备明显的商业性。这两种相对矛盾的属性使得铁路企业经常陷入顾此失彼的状况中。当注重市场化经营以及盈利性收入时，公益性服务难以得到保证，影响社会的整体福利水平。而当只注重公益性服务，不考虑盈利性时，则会加重国家财政负担，同时也会降低铁路资产的配置效率。

　　铁路的这两个看似矛盾的性质其实并不是完全对立的，该对立来源于两种属性的服务的利益及责任主体的界限划分不清。从产业属性上讲，铁路的公益性起源于其本身的网络特性。铁路是国民经济中的一个重要组成部分，必然承担着维持社会稳定、安全等非经济性的社会责任，其公益性服务的利益及责任主体是有着社会公益需求的政府。而其经营性业务的利益及责任主体则是企业。在政府提供公益性服务时,可以将一部分服务以适当的形式交给铁路企业。其方式是多种多样的,如以合同方式委托给铁路企业,从而企业可以将公益服务等同于其他的运输服务对待,这样就可以实现铁路公益性及经营性的合理共存。由此可见,在责任及利益主体清晰的情况下,参照铁路运输服务的市场价格的形成,政府对运输部门的公益性服务也可以形成相应的市场价格,这就确立了两个利益主体的分离,建立了市场化交易关系的基本前提条件。而公益性服务及经营性服务的明确分离也是铁路政企分开,成为市场主体的基本前提条件之一。

结合国外铁路运营方法以及中国的国情,在铁路外部性的补偿机制方面,将铁路外部性收益的一部分内部化的方法主要有下面两种:第一,在对铁路进行国营化的前提下,政府对铁路企业或者铁路部门依照市场价格进行补贴,使其利润能够正常化。这种方法被欧洲几个国家采用,且补贴的程度和比例都相当大,其中意大利、法国、德国、英国的政府投入都在30%以上。政府的这种投入并不是由于铁路企业和部门的运营不好,而是相当于一种对铁路的外部性效应补偿的"负税收"。

第二,放松对铁路企业的管制,提高其自主权,允许其建立现代化的企业制度。在市场化经济的条件下,铁路企业的运营价格以及成本按照市场化的机制制定以后,部分铁路企业的外部性效应必然可以映照到铁路企业的利润中。与之相适应,以前铁路所担负的公共服务产品应由政府以及相关的组织按照市场化的价格向铁路企业购买。

4)自然垄断性

通俗地说,一个产业为了获得利润,必须有足够的产出、昂贵的设备、巨大的资本。这种大规模的生产能力增加到了一定程度之后,甚至在这个领域内只允许一个企业生存,并且这唯一的企业只要能保证其生产力，也就可以负载市场的全部需求。从各个方面来讲，铁路就具备这样一个特征。铁路并不是唯一的运输方式，也面临其他运输方式的市场抢占。但是大体上来说，铁路具备其他运输方式没有的优势，这也就保证了它不会退出这个市场。具体来讲，在铁路这个领域，有两点体现了其自然垄断性：资源稀缺性和规模经济性。

首先，铁路的建设和维护是一个巨大的工程，需要大量的资金来维持，这在一方面造就了它的资源稀缺性。除此之外，铁路网络经过的位置及其分布都是固定的，路网经过谁的辖区，谁就拥有这种资源。相对于广袤的土地面积，铁路的分布是非常有限而且稀疏的，这也就造成了铁路资源的稀缺性。因此，规划铁路的时候，必须由国家有关部门出面。最后，铁路的规模越大，铁路网络越发达和完备，铁路的运输能力就越大，运营维护成本就越低，这是由技术的成熟度和系统的完善度决定的。

除了自然垄断之外，还有行政垄断，中国铁路的自然垄断性正是依附在后者之上的。铁路的所有权和运营权都是属于国家的，这两种权利的回收对铁路的发展至关重要。两者兼备，真正意义上的自然垄断属性才会成立。如前所述，铁路网络的规划和筹备是具备资源稀缺性的。但是在铁路规模较小的时候，带来收益的能力也很低。除此之外，基础设施的完善程度也会影响其收益。

二、铁路产业非固有属性

1）调度指挥集中统一

铁路是一个设备和生产都有着高度关联度的大系统，由许多的子系统组成，如机车、车辆、通信、轨道、路基、供电设施、安全装备等，这些子系统相互之间有着很高的关联度，牵一而动百。铁路运输组织作为一个复杂的系统工程，必须从整个系统出发，以集约性以及统一指挥的形式，对技术装备、运输调度和产品及安全等各方面进行统一调配、全面统筹。因此，铁路的这种设备联网、生产联动的特性决定了对于运输必须进行统一指挥。只有统一指挥才能在我国铁路运能运力高度紧张的情况下保证运输的高效性。

长期以来，在交通运输结构中，铁路份额远小于公路。2019年5月，铁路货运量为3.70亿t，而公路货运量为36.68亿t。存在大量无法通过铁路承运的货物；2019年我国铁路旅客运输的日均实际运输量高达1 000万人。由此看出，我国的铁路运输资源高度紧张，运输能力亟待提高。为了保证运输组织的高效率，需要实施集中统一指挥。当铁路主要干线在超负荷运转的情况下，铁路部门需要统筹路网干线、支线以及合资铁路、地方铁路能力，在合理调整车流路径、增加列车开行数量的同时，加强日常调度指挥，增强机车车辆运用的调配、搞好机列衔接，此外还需要协调处理直通与管内、客车与货车的关系，从而进一步挖掘运输能力。因此，在运输供求矛盾十分突出的情况下，为了实现运输资源的优化配置，需要进行集中统一指挥、保持路网完整性；为了实现最佳的全路整体效益，需要进行合理、有效、最优化的运力分配。

一直以来，我国铁路部门贯彻国家利益和人民利益至上的原则，通过运力倾斜保证重点物资运输，在关键时刻全力以赴突击抢运，以确保国家宏观目标的实现，从而促进国民经济的平稳发展。综上可知，铁路是国家宏观调控的重要工具和手段之一。鉴于我国的特定国情和路情，铁路系统需要实行集中统一指挥的体制。这种体制有利于国家直接控制铁路运输稀缺资源，同时保证在节假日客流高峰、抢险救灾以及重点物资紧急运输的特殊条件下，集中配置和统一调度运输资源，满足国家对铁路运输的特殊要求。

2）财务清算、会计分级核算、预算管理

我国的铁路运输为国有垄断经营，其生产具有"设备联网、生产联动、统一指挥、部门联劳"等关联性和整体性强的特点，实行高度集中的管理体制。原铁总公司政企分离改革前后，财务核算体系没有明显变化。从1992年起，原铁道部开始研制全路统一的财务核算程序，在全国范围内，各铁路运营局所有层级财务使用统一的财务核算体系核算各层级财务，并逐层上报汇总。在制度上，"全口径核算"要求铁路非运输企业与运输业、合资企业三部分核算共同构成铁路全口径核算。2014年原铁路总公司下达年预算任务考核指标时，不做区分要求哪一部分完成比例多少，而是统一口径年终考核兑现。

为实现铁路企业资源的统筹配置和规范、高效管理，铁路企业实施全面预算管理，主要包括财务预算、生产预算、固定资产预算、人力资源和劳动工资预算等。其中，财务预算主要包括利润目标预算、运营收支预算、资金预算等。

铁路作为网络化产业，产生了跨线运输的内部清算问题，铁路运输企业实行财务清算制度。铁路内部根据完成运输工作量的多少逐级进行运输收入分配。在现阶段，由于客运段同铁路局之间存在着隶属以及财务清算两重关系，产生了很多弊端。第一，客运段的运营服务收入很大程度上依赖于铁路局分配的工作量的多少，而且各方面人员也相对比较固定，从而限制了客运段的效益以及降低成本的积极性；第二，因为客运段、乘务员的收入同铁路运输的利润几乎没有关联性，这种激励措施在很大程度上限制了客运段的客运服务质量；第三，虽然有着众多的客运段，但是各个客运段之间都独立生产，缺少整体的资源调度配置以及计划管理，因此整体的组织效率较低；第四，铁路运输业并不是处于运输业的垄断地位，与此同时，随着航空及公路运输的竞争越来越激烈，急需提高铁路客运的服务质量，管理成本也亟待降低。

　　会计实行分级核算制度，资金按照"收支两条线"进行管理。在铁路运输企业中，整体的会计信息流动有着明确的流向，各会计数据及信息都是由各个站段出发，经由铁路局一层层最终流向国铁集团。站段作为这一过程的起点，同时也是铁路运输企业中最重要也最主要的经营单位，它承担着成本中心以及基层会计主体的作用，主要负责基础会计数据的收集、整理加工和处理，完成站段的财务报表并上报铁路局；而作为独立法人以及核算单位的铁路局，在这一过程中主要完成对站段财务报告的接收以及审核，将各个单独的站段财务报告进行整理汇总，最终形成整个铁路局的整体财务报告，并上报国铁集团；国铁集团则负责对各铁路局上报的财务报告进行接收和审核，并且对各个单独报告进行整理汇总形成行业的总体财务报告，为整个行业的运营提供有效支撑信息。诸多的合资铁路大多采用委托运输模式，由铁路局代为开展运输业务。铁路运输属于政府管制的行业，经营管理比较复杂，委托代理性质也比较特殊和复杂。政府管制与内部制度的合理性，包括清算收入的定价与核算、关联交易的定价和业务安排、信息披露模式等方面都会对铁路运输会计信息质量产生重要影响。而在国铁集团、铁路局、合资铁路的利益目标和驱动不一致时，相关的会计和管理制度的不完备，契约摩擦和信息不对称均会引起会计信息质量问题。

第二节　铁路产业属性对会计信息质量作用机理总体分析框架

　　铁路产业属性对会计信息质量的作用机理，是指铁路产业属性通过铁路"资源流-价值流"对铁路价值流转产生影响，决定铁路运输企业的成本、收益、利润等财务信息的确认、计量与报告的会计循环，在铁路会计信息质量上得到反映，影响铁路会计信息质量的真实性、相关性、可比性、谨慎性、透明度的评价，进而影响会计信息的决策应用。

一、铁路"资源流－价值流"分析系统

1）铁路资源流

铁路资源流是指铁路生产要素的流动。其中，铁路生产要素（production factor）是指服务铁路运输生产活动的投入要素，也就是铁路资产或铁路资源。具体是指"企业生产和消耗的原材料、辅助材料和能源等物质以及影响企业生产经营活动的特定的元素和化合物"。从经济学定义来看，资源是指可以被企业开发和利用的物质、能量和信息的总称。资源是一种客观存在。按其已开发利用的程度，资源可分为潜在资源和已开发资源两大类。潜在资源经过企业的开发利用，成为已开发资源。在已开发资源当中，被成功开发利用的部分形成企业的资产。从经济意义上来讲，资产是指由企业过去的交易或事项形成的，由企业拥有或控制的，预期会给企业带来经济利益的资源。广义上，公司资产可分为：实物资产、无形资产、金融资产、人力资产、供应商资产、客户资产及组织资产等类别。其中，纳入到公司资产负债表的资产包括：实物资产（主要包括存货和固定资产）、无形资产、金融资产及其他资产。

铁路产业拥有的各项资源附着于各类固定资产之上。在铁路运输企业的资产负债表中，固定资产占全部资产的绝大部分。根据铁路运输企业关于固定资产划分的既有标准，国铁集团固定资产被划分为机车车辆、集装箱、线路、信号设备等十六大类，如表4－1所示。

表4-1 铁路产业固定资产分类（财务口径）

固定资产分类	
运输资产	非运输资产
机车车辆	房屋
集装箱	建筑物
线路	土地
信号设备	其他
通信设备	
机械动力设备	
运输起重设备	
传导设备	
电气化供电设备	
仪器仪表	
工具及器具	
信息技术设备	

对既有固定资产的划分，还可以采用其他划分标准。例如，根据与运输生产工作的紧密程度，可以划分为铁路运输专用资产、铁路运输共用资产、非铁路运输资产三大类别。对三大类别的划分及运用有效性评价的主要考量因素如表4-2所示。

表 4 - 2　铁路产业既有固定资产运用有效性评价的考量因素

资产专用水平	资产类别	资产形式		功能	资产运用有效性评价的主要考量因素
强 ⇩ 中 ⇩ 弱	铁路运输专用资产	正线线路		走行列车	列车通过密度、承载轴重
		车站	站线	通过、集结、编解列车	列车通过顺利、编解取送迅速
			货运设施	承运、交付、装卸货物	货流组织量大平稳、装卸迅速
			客运设施	售票、旅客上下车、资产经营开发	客流组织量大平稳、进出站迅速；开发资产经营开发业务
		机车		提供牵引、编解列车和取送车辆的动力	多拉、快跑、准点
		货车		装载货物	净载重、空驶率、周转时间
		客车		装载旅客、广告、通信等	客座率
		通信设施		传递信息和命令	准确、准时
		水电设施		提供水和电力	供水供电充足、稳定
		其他辅助设施		维修各种设施设备、提供其他保障条件	状态、性能良好
		技术路线或方案		对各种硬资源在时间、空间、数量及结构上的控制	减少硬资源的无效或低效使用
	铁路运输共用资产	土地		交通用地、非交通用地	土地综合开发、提高开发效益
		人力资源		人的劳动	高素质、能力和责任心
		资金		促进能够运营所需资金	不过量、周转速度
		信息		人们生产经营所有的交流与沟通	准确、及时、全面、系统性
		组织与管理		有管理能力的组织与制度	企业家精神及管理效率
		市场能力		商誉与市场开发	树立企业形象、创新营销手段
	非铁路运输资产	农林牧渔		种植、养殖等	协同化、专业化、规模化、效益化
		采矿		矿产开采	
		制造		包括铁路设备制造	
		建筑		工程建筑等	
		物流服务		延伸服务、门到门、桌到桌服务等	
		批发和零售		批发、零售等	
		住宿和餐饮		住宿、餐饮等	
		金融		银行、财务公司、保险公司、自保公司等	
		房地产		房地产设计、建设、销售等	
		租赁和商务服务		租赁及商务	
		科研技术服务		科研研发及服务	

2）铁路价值流

价值是物体的一种属性，指的是物体在一般等价物上的数量值，是事物有用性的衡量。在经济理论中，价值和商品两者总是一起出现，前者是后者的一个重要属性，代表一个商品在一次交换中，与几个别的商品等价。进一步地，一般通过货币来表示商品价值的大小，也就是价格。在本书中，价值所指代的是资源的价值，即由资源的效用和稀缺性共同决定了其价值，反映环境和自然资源对于人类社会的价值，一般通过货币计量方式来表示。那么什么是价值流呢？价值流反映了一个过程，即商品从其最初形态，比如：一堆砂子、一块木头等，经过系列的技术加工变成了商品，并在人类活动当中被标定一个对应价值的过程。这一套流程包括两种活动形式：增值活动和非增值活动，如各种供需双方之间的交流，原材料的传送、加工，产品的设计，时间规划等等。可以通过图标和流程图的形式管理分析价值流的过程，并借助这个分析来提高效率，降低成本，以获得最大的利益。结合本书研究的资源价值，可将价值流内涵定义为以元素流为基础，跟踪、描绘产品从原材料状态加工成成品的过程中每一个工序状态、工序间的一系列不同价值形态变化。

3）铁路"资源流-价值流"耦合分析系统

铁路"资源流-价值流"的逻辑结构是铁路资源流分析与铁路价值流分析这两个分析维度的有机统一体，如图4-3所示。

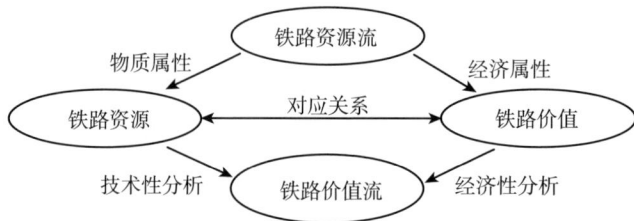

图4-3　铁路"资源流-价值流"分析示意图

从图4-3可以看出，铁路"资源流-价值流"分析的第一个分析维度是铁路资源的资源流循环，它主要与铁路资源流分析方法相对应，基于铁路技术性分析角度，从铁路生产流程出发，跟踪、描述、计量、确认、报告基于生产要素的物质流转、消耗、产出等情况，形成铁路资源流分析。第二个分析维度是铁路资源的价值流循环，对应价值流分析方法。它从经济性分析的角度，依据基于铁路生产资源的物质流路线的变化，深入至铁路运输企业内部各作业环节的成本变化和收入变化，计量相应的收入流、成本流、资金流、利润流等经济数据，形成与铁路资源流的技术性分析相配套的价值工程分析体系。从铁路资源流分析与价值流分析的相互逻辑关系来看，铁路资源流分析决定铁路价值流数据的形成，价值流分析为铁路资源流的优化提供决策、控制、考核的经济数据及方法体系。可见，铁路资源流是铁路价值流形成的物质基础，在铁路技术有效及成本收益标准正确的前提下，自然会形成科学的铁路价值流结果。

二、铁路资源价值流-会计信息分析系统

铁路"资源流-价值流"通过对铁路物质投入和价值产出的耦合分析，会形成会计学的资源输入价值以及铁路运输产品产出价值，以及与之相对应的会计信息，如图4-4所示。

铁路运输企业"资源流－价值流"体系

投入方面
　铁路资源流成本(材料、能源等转移价值)
　人工及间接费用
　→ 资源输入价值的会计信息

产出方面
　按现行会计制度计算
　　运输产品成本
　　利润或税收
　　→ 铁路运输产品价值的会计信息
　按价值流循环划分
　　铁路直接资源投入
　　　资源流成本
　　　分配的人工及间接费用
　　铁路间接资源投入
　　　材料流成本
　　　分配的人工及间接费用
　　　外部收益 外部成本
　　总资源流成本
　　价值流成本
　　　资源流成本量信息等成本
　　　人工及折旧
　　　→ 经济增加值信息
　　利润或税收

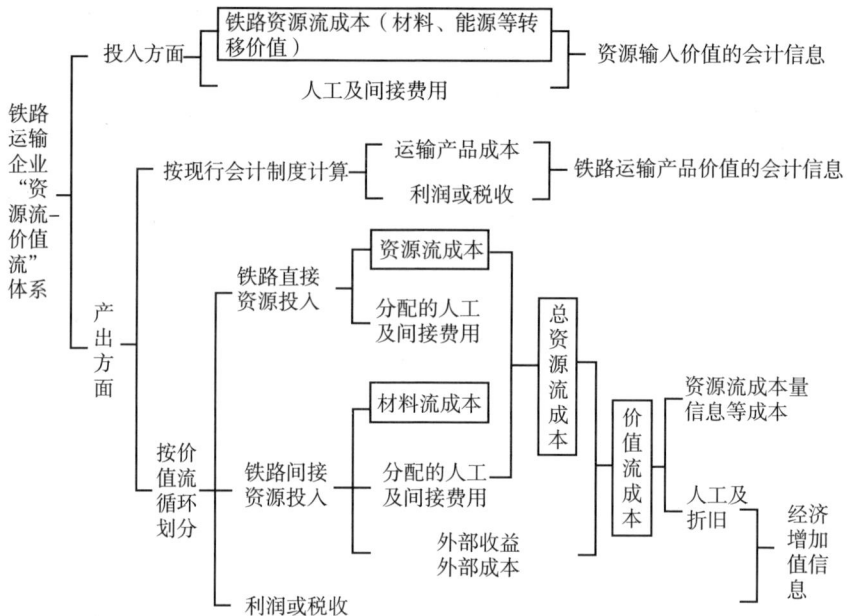

图4－4　铁路"资源流－价值流"与铁路会计信息质量示意图

从图4－4可以看出,铁路"资源流－价值流"是形成铁路会计信息质量的基础条件。铁路"资源流－价值流"会对铁路投入、产出以及与之相关联的铁路直接资源投入、铁路间接资源投入形成相应的数据采集结果和会计信息质量表达。其中,铁路直接资源投入是指与铁路运输产品生产活动直接相关的,包括供电、供水、人工、车辆磨损等资源耗费;铁路间接资源投入是指与铁路运输产品生产活动间接相关的资本成本、运输调度指挥、管理成本等资源耗费。铁路运输产品成本的形成过程,也就是铁路产品价值流和经济增加值的形成过程。

按照铁路运输企业循环经济发展模式的分析范式,铁路运输企业铁路"资源流－价值流"可以划分为不同层级的会计信息:①小循环铁路"资源流－价值流"会计信息,即在铁路运输企业循环经济发展过程中,以铁路价值流为核心的运输生产上下工序之间及生产业务环节之间循环的会计信息。②中循环铁路"资源流 - 价值流",是指铁路运输企业层面内部小循环的外延式扩展。也就是在一定的空间区域范围内,以铁路运输企业资源流为主体,把与之相关的铁路运输企业的铁路运输产品链连接起来,形成铁路运输资源共享和互换副产品的铁路运输生产共生组合,以保证铁路资源的合理利用,形成铁路运输生产共生链的会计信息。③大循环铁路"资源流 - 价值流",是指铁路运输企业与复杂的社会经济系统结合,在更广泛的层面上形成社会范围内的物质、能源、价值流动的大循环,从而反映包括具有市场价值和非市场价值在内的会计信息。

三、铁路产业属性 - 铁路资源价值流 - 会计信息质量分析系统

铁路产业具有固有属性和非固有属性,其中,固有属性包括网络经济性(规模经济和范围经济)、资产专用性、公益性等,非固有属性包括调度指挥集中统一、财务清算、会计分级核算、预算管理等。表4 - 3总结了本章前述部分所写的铁路属性,并做了进一步拓展。

表4 - 3　铁路产业固有属性和非固有属性列表

序号	固有属性	非固有属性
1	网络经济性 (规模经济和范围经济)	调度指挥集中统一
2	资产专用性	财务清算 (调整系数清算)
3	公益性	会计分级核算
4	外部性	预算管理
5	公共物品	
6	社会属性	

铁路会计信息质量问题本身是铁路"资源流－价值流"在会计学统计和决策意义上的反映，进一步的含义是铁路"资源流－价值流"的确认、计量和报告是否在真实性、相关性、可比性、谨慎性、透明度方面得到实现，再进一步的深层次含义则是，铁路产业基本属性是否在铁路"资源流－价值流"成本、收益、利益核算方面得到公允和正确反映。比如，如果铁路公益性价值没有得到补偿，而铁路只计算了其从市场中获取的铁路运输产品价值，那么，铁路运输产品价值流的对应价值就会被低估，导致铁路会计信息质量出现系统性或局部性失真或偏差。

四、总体分析框架构建

铁路产业属性，也就是铁路产业的固有属性或非固有属性，会构成铁路"资源流－价值流"会计信息确认、计量与报告的制度基础，并成为决定会计信息质量的先决条件。如果铁路产业属性得到完备和全面反映，则铁路会计信息质量水平就会高一些。反之，如果铁路产业属性没有得到完备和全面反映，甚至通过人为调整（如铁路运输进款在铁路局之间进行二次分配时采用主观性较强的成本或收入调整系数）而强制改变铁路资源流对应的价值流信息，从而使得铁路运输企业即使遵守会计法则和会计规程，也会大幅度降低甚至扭曲铁路会计信息质量，如图 4－5 和图 4－6 所示。

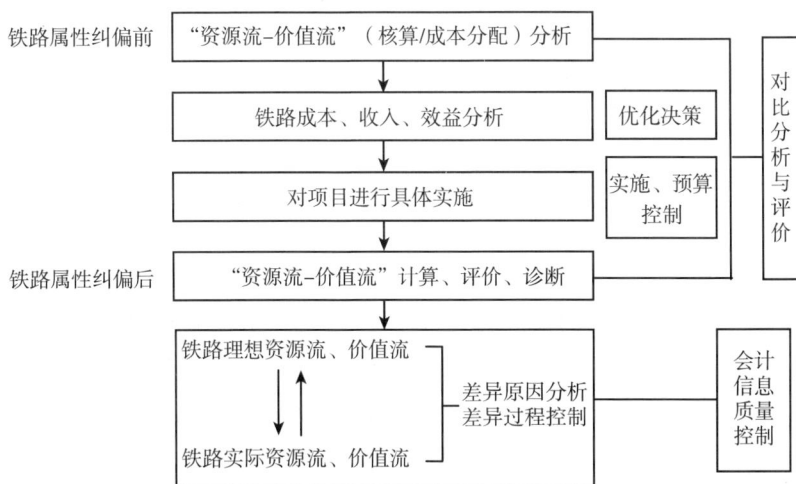

图 4 - 5　铁路会计信息质量控制示意图

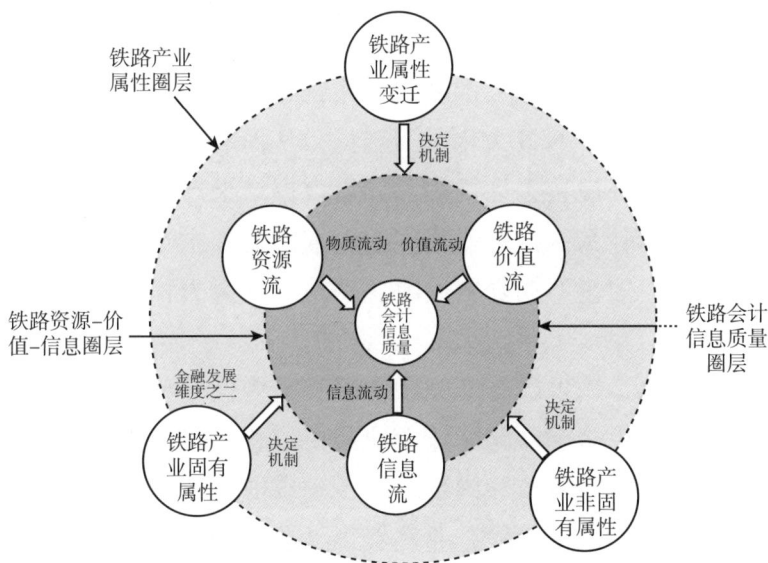

图 4 - 6　铁路产业属性 - 资源价值流 - 铁路会计信息质量示意图

从图 4 - 5 可以看出，铁路属性纠偏前，由于铁路"资源流 - 价值流"在核算上的系统性或局部性偏差，导致出现会计信息质量失真问题。在铁路属性纠偏后，铁路"资源流 - 价值流"

计算、评价、诊断得到改变，从而形成铁路理想的资源流和价值流以及相应的铁路会计信息质量结果。

从图 4-6 可以看出，铁路产业属性圈层是根本性决定因素，铁路产业固有属性和铁路产业非固有属性及铁路产业属性变迁（铁路企业性和公益性会随着客货流密度的增加而发生改变。例如，当高速铁路客运密度增加到 2 000 万人/km 时，铁路经营性和盈利性就变得更加突出；再例如，随着公路和民航对铁路竞争的加强，铁路原来的市场垄断力不断下降，导致很多铁路线路属性变为竞争性线路），会对铁路"资源-价值-信息圈"层形成传导机制，直接影响铁路资源流、价值流、信息流的形成基础，并极大改变铁路成本、收益、利润等相关铁路会计指标计量的理论基础和计量标准，最终对铁路会计信息质量圈层形成影响。需要注意的是，铁路会计信息质量反过来会对铁路运输企业经营主体的行为和激励造成巨大影响，强化铁路运输企业经济主体在特定产业属性前提下的最大化行为选择，从而对铁路会计信息质量所需要的制度环境、会计规程和计量数据结果产生更为严重的扭曲。这就是为什么铁路产业很多被调查的财务主管普遍反映既有铁路会计信息质量不能真实反映各铁路局的努力程度和劳动成果的重要原因。

由于铁路运输生产高度关联性以及整体性的特点，其诸多运输服务都需要由多个铁路运输企业或单位相互合作完成，同时也由于其复杂的生产环节和内部结构，宽广的管辖区域，高难度的管理控制，使得铁路运输企业有着很复杂的行业特征，会计核算内容和方法比较复杂。此外，近年来行业规模和技术快速发展，管理相对滞后，这些也影响了会计信息质量。铁路运输行业经济外部性强，使得会计报表难以完整反映企业整体价值和综合绩效，增加企业价值信息量和透明度是提升铁路运输信息披露的有效途径。综合铁路运输经济学、会计学理论，以及铁路运输产业特征和管理特征，本书认为，铁路运输的行业特征对会计信息质量提升的传导机制主要表现在以下几个方面：

1）铁路行业公益性影响社会和环境绩效相关的会计信息质量

目前，铁路运输公益性特征在会计报表中无法充分反映，财务绩效不能真正反映铁路运输企业的经济绩效，因此，无法根据会计报表评估企业价值。完善会计计量，补充企业环境绩效、社会绩效信息有利于正确评价铁路运输行业对国民经济的贡献，有利于政府宏观经济决策。

2）铁路行业大管理跨度和复杂生产过程影响会计信息质量

铁路运输企业点多线长，资产和收入具有极强的分散性，使得会计信息生产过程涉及部门多、会计信息传递经过较大空间范围和多个管理层级。作为网络型产业，在铁路延伸到的任何地方都分布着铁路庞大的资产，这使铁路的各级管理机构也相应地分布到铁路沿线各地。同时，因为各单位又是铁路运输联动体中关联单位的缘故，他们之间频繁地转移资产、清算费用，会计资料也要及时传递。这极大地提高了会计信息生成的成本。此外，管理跨度大，部门之间沟通比较困难，导致管理难度大，容易产生制度执行的漏洞，从而影响会计信息的及时性和真实性。

铁路运输业务种类繁多，社会收入参与广泛，收费票证多样，客户群体复杂。例如，在货运收入会计核算过程中，由于货运品种、运输距离、装载车种的不同运价也不同，而且每笔收入都涉及大量的规章、制度、办法。这些因素导致会计核算过程异常复杂。另外，铁路运输企业经济业务中成本核算、资金转拨、清算拨款、运输结算、关联交易业务比较烦琐，增加了会计核算的难度。相比生产型企业而言，铁路行业会计信息生产过程复杂，难度大，成本较高。

3）铁路行业统一的会计制度影响会计信息质量

由于我国网络化铁路运输经济实行高度集权的经营和财务管理体制，所以各个运输企业会计活动也实行集中管理制度，采取统一的会计制度，相同或相似的经济活动采用相同的会计政策，因此，各铁路局和站段会计政策选择权利较小，利用应计会计进行盈余管理的可能性较少，内部会计信息可比性较强，也在一定程度上确保了真实性。另外，会计事项的处理方法比较确定和稳定，会计政策、会计估计变更少。例如，在较长时间里，大部分固定资产采用使用年限法计提折旧，折旧年限有明确规定；存货一般采用计划成本法进行管理，从而减少了会计估计和会计职业判断，会计政策的弹性较少。这一方面确保了会计信息在前后期和不同单位之间的可比性，另一方面，刚性的会计政策也在一定程度上缺乏灵活性，未能充分反映会计事项在不同时期和不同主体之间的差异。

4）具有行业特征的铁路行业会计标准影响会计信息质量

铁路运输是以固定轨道作为运输道路，由轨道机械动力牵引车辆运送旅客和货物的运输方式。铁路运输需要使用线路、机车和车辆等资产，这些资产在使用后需要严格按照技术和管理标准进行定期的修理和更新改造，以确保它们的使用性能。这些资产使用和维护方式均具有一定的特殊性，导致固定资产的核算方法有一定的行业特性，不同于其他行业，甚至是国际惯例。此外，在收支两条线下，铁路运输收入的形成也具有一定特性。

（1）线路不计提折旧。铁路运输行业作为一种典型的网络产业，其产品生产需要各路网上的运输工具与路网基础设施通力协作。铁路运输企业的路网资产难以配置到其他领域，即相当于"沉没成本"，具有非常强的资产专用性，比较适合历史成本计量。目前，由于线路资产中的路基具有可以通过大修实现局部更新的特点，为避免成本重复列支，该类资产不计提折旧，其后续支出予以费用化，计入当期损益。对于线路资产中的钢轨、轨枕、道砟、隧道，考虑到它们的使用寿命很长，实务中不能对其使用寿命进行估计，更换、大修难以划分，因此不对该部分资产计提折旧。国外铁路运输公司一般按一百年计提折旧。目前大秦公司与其他铁路企业执行此规定，未计提折旧，只有广深公司为适应境外上市的需要计提折旧。这项会计政策选择具有成本效益性。

（2）高价互换配件作为固定资产核算。高价互换配件是指为运输设备等固定资产修理而储备的，使用寿命超过 4 年，且可反复修理使用的组装总成部件、机组或大型结构互换配件等。在购买后应该将其计入固定资产中进行核算，在预估的有效年限内对其分类进行折旧。一般不计提减值。高价互换配件作为固定资产核算符合其经济实质，但是，不计提减值有可能损害会计信息的谨慎性和真实性。

（3）运输收入需要根据清算结果确认。铁路运输收入是指铁路运输企业在从事客货运输服务等日常经营活动中所形成的经济利益的总流入（不包括代收的铁路建设基金和其他代收款）。铁路运输收入的核收实行发送核算制，由承运的车站负责计费收款，由收款铁路运输企业负责按照运输收入分项审核、并按其归属核算列账。在客运和货运（含行包）中，运输收入的确认时间是售出车票或者办妥承运手续并出具运输票据之后，而不管是否收讫价款；对于一些特殊运输业务（如政府指令性运输、先运输后办理手续的军事运输），运输收入的确认时间是收到后付票据之时。

铁路运输企业按照国铁集团制定的收入清算办法或联合运输合同、协议，根据全国铁路运输收入清算机构出具的收入结算凭证、国铁集团财务主管部门出具的凭证或者企业间互相认定的结算金额，确认各自的营业收入。

清算收入的会计信息质量取决于铁路收入清算办法的科学性、合理性。

5）铁路管理体制机制影响会计信息质量

近年来，随着我国铁路运输投资、运营规模以及技术水平的快速增长，如何提升铁路运输企业的综合绩效和可持续发展能力成为政府和铁路运输管理者迫切需要解决的问题。然而，长期政企不分的计划管理体制和管理模式使得会计信息加工和处理产生了惯性思维和模式，影响了会计信息质量。具体体现为以下几个方面：

（1）重视有形资产，轻视无形资产。铁路运输专业性强，属于资本密集型行业，固定资产和存货所占比例高，是企业开展运输生产的重要物资技术基础。同时，铁路运输企业长期以运输生产安全性为主要目标，管理中重视有形资产实物管理和技术管理，而忽视无形资产管理。尽管近年来我国铁路特别是高速铁路发展迅速并已处于世界前列，但是铁路上市公司财务报告列示的无形资产却很少，且没有得到有效的管理；国铁集团也没有建立健全完善的无形资产管理办法，对无形资产的核算不够合理和全面，导致企业资产被低估。

（2）重视历史成本计量，轻视公允价值计量。铁路运输属于资本密集型行业，有形资产所占比例高，金融性投资很少。长期以来，企业更多应用历史成本计量，会计核算重视历史成本的可靠性。随着行业技术不断升级，内部重组增加，资产减值风险也日益加大。但是，企业制度仍然规定只要铁路运输资产在用，一般就不提减值。运输企业公允价值计量理念不足。此外，专用性资产缺乏活跃市场，使得企业难以获取市场价格，资产估值难度较高。这也会影响企业资产减值政策的实施，从而损害企业资产计量的谨慎性。作为基础产业，铁路运输主要依赖国家投资和银行借款，产权性质比较单一，长期国有控股经营下投资人缺位，对公允价值信息需求不足，也影响了公允价值计量理念的树立。作为国家垄断行业的铁路企业对于通过提高会计信息质量，构建以稳健性为基础的会计核算体系，以降低经营风险的愿望并没有那么强烈。魏明海认为，要对国企的资产负债表"瘦身"（即冲减虚假的、无价值的资产）是非常困难的，因为资产的减少往往被认为是国有资产的流失。此外，银行等债权人对国有铁路企业财务风险防范意识较弱也是影响因素之一。

随着铁路的市场化改革，铁路企业上市、改制和引入社会资本，铁路运输企业将会越来越多地面临资产和企业价值评估问题。公允价值信息能够提高会计信息的相关性，会更好地满足企业内外部信息使用者投资决策的需要。

（3）重视成本和清算收入，轻视来自市场收入。目前，对铁路局的考核偏重于财务业绩类指标，并且对财务业绩的考核又过分注重盈亏，导致各铁路局着重从总体利润相关指标上来制定发展和经营战略。铁路局利润是收入减去成本后的差额。在收支两条线管理制度下，铁路局营业收入并不等于运输进款，运输进款需要经过清算分配后才成为各局的运输收入。因此，各铁路局会更加重视清算收入，而不是来自市场的运输进款。对于国铁集团来说，各局运输进款总和是整个运输企业的运输收入。所以，国铁集团的目标和各铁路局的目标不完全一致。目前，铁路运输收入在内部统一分配的清算制度下存在一定的交叉补贴和清算价格单一问题。因此，完善铁路运输收入的清算制度，实现清算收入来自市场，企业的盈利会更加如实地反映企业市场竞争能力，从而更好地激励企业参与市场竞争，提升企业收益水平。另外，对于铁路局和国铁集团来说，成本是影响利润的重要因素。铁路站段是成本中心。在现有的业绩评价中，站段的运营权支出及所托管的非运营收入、盈亏利润作为评价运输企业经营业绩的重要指标,在整个评价指标体系中占有举足轻重的地位,站段的成本控制是铁路预算管理的重点。然而,现行预算管理制度存在调节成本的诱因,影响了成本的真实性。完善预算管理和绩效评价制度会有利于提升会计信息的真实性。

(4)重视负债,轻视所有者权益。铁路运输主要依赖国家投资和银行借款,产权性质比较单一。目前我国铁路建设资金来源主要有:铁路建设基金、财政预算、银行贷款、铁路建设债券及其他债务性融资。债务融资是铁路建设主要的融资手段。铁路建设投资存在以下四方面的问题:一是投资主体单一,大部分铁路建设项目主要依靠政府投资,其他投资主体作用不大;二是筹资渠道单一,铁路建设资金主要来源于国家财政和银行贷款;三是融资方式单一,主要是银行贷款融资;四是投资管理方式落后,铁路建设资金主要由国铁集团统一筹集和分配,各铁路局并不是投、融资的主体,因此难以建立起有效的滚动发展及投资控制机制。

铁路项目存在建设周期长、投资额大、投资回报期长、运输收益率低于其他运输方式、运输收益远小于外部经济效益等缺点,导致铁路建设融资难以大规模地市场化。另外,铁路建设主要是债务融资,这将加大铁路运输企业的财务风险,同时降低其偿债能力和盈利能力。而采取"借新还旧"的方式筹集偿债资金,又会导致铁路债务迅速膨胀,更快地跌入债务陷阱。由此可见,国铁集团的投融资压力随着铁路建设规模的扩大而日益剧增,铁路目前的偿债能力较差,企业重视通过债务重组来减缓负债压力。

综上所述,在财政资金有限的情况下,铁路运输企业主要依赖负债融资。然而,铁路这种一次性投入规模巨大的产业,具有商业性、公益性、自然垄断性、外部性等多重属性,决定了市场在铁路建设中不可或缺的作用，迫切需要通过市场化改革来实现铁路产业的可持续发展。通过市场化改革倒逼投融资体制创新。伴随铁路的快速发展和市场化改革，需要引入更多社会资本，逐步实现铁路产权多元化。目前，由于国有产权独大、铁路运输专业性强、铁路运输调度资源稀缺等方面的原因，在合资铁路与铁路局的博弈合作关系中，存在铁路局内部人控制现象。因此，关联交易及其定价容易缺乏公平的制度监管和交易安排，从而影响铁路运输收入、成本以及所有者权益会计核算的公允性，关联交易信息披露也难以充分。

（5）重视现金流，轻视利润。现金流是铁路运输企业开展正常运输生产活动的重要物资基础，关系到铁路运输企业的生存与发展。铁路运输企业现金流具有以下特点：

① 铁路运输收入变现能力强。铁路运输企业除大宗货主采用预付、军事运输采用后付外，运输收入进款主要是现金收款。在办理客货运输业务和辅助作业中，向旅客、托运人、收货人核收的票款、运费、杂费等运输费用基本上采用现付为主，故收入的变现能力强。

② 营运现金流出量大、类别繁多。铁路运输是一个大联动机系统，在日常运营的过程中，车务、机务、工务、电务、供电、车辆、客运等各个专业站段的生产活动需要消耗大量的材料和燃料，存货需求量大，品种各不相同，需要使用大量现金进行采购。

③ 投融资活动现金流量大。作为资本密集型行业，高速铁路主要依靠负债建设和经营，有大量的投资性现金流出的要求。同时，企业盈利能力弱，偿债能力差，需要不断地借新还旧，引起大量融资活动现金流。

可见，铁路运输生产需要充足的现金保障，加上铁路运输行业整体盈利能力差，国铁集团尤其重视资金的管理。目前，铁路运输企业的资金管理模式是"收支两条线",体现的是铁路运输企业高度集权和计划控制的经营理念。所谓"收支两条线",是指铁路运输收入经过层层汇总后最终上缴到国铁集团,在统一纳税后,再由国铁集团依据铁路运输清算办法和相关内部规定向下分配。国铁集团统一控制和制定各级铁路运输企业的成本费用计划,铁路运输企业需严格执行各自的成本费用计划,不得超出清算收入的范围。举例来说,国铁集团对各级铁路运输企业的支出控制和计划包括:维持铁路运输简单再生产的大修、更新改造支出、扩大再生产(如既有线大规模改造、新线建设等)的支出等。

如果说现金流是过日子的话,利润更多是面子。利润是一定期间企业收入补偿成本后的经济成果,反映了企业的盈利能力和财务绩效。尽管国铁集团对各个铁路局的盈利能力进行考核,但是,由于铁路运价的管制、未区分公益性业务和经营性业务以及难以补偿的高建设成本,使得铁路运输行业整体盈利能力较弱。国家控制经营也在一定程度上弱化了运输企业追求利润最大化的内在动力。因此,现金为王的理念胜过利润最大化的价值观念。这在一定程度上会形成利润操纵的行为。铁路运输收入的核收实行发送核算制,变现能力强,企业现金管控严格,运输企业难以调控收入。但是,在利润内在激励动力不足的情况下,会在一定程度上存在预算管理松弛问题,有可能出现人为减少利润或加大亏损甚至为了应付考核而调节成本等现象。在铁路大规模投融资的环境下,考虑到社会资本逐利的属性,铁路运输企业需要不断提升盈利能力,增强为投资人增值和保值的理念。

第三节　基于铁路生产流程的
具体分析框架

一、铁路生产流程对会计信息质量影响传导机制

铁路生产集团需要开展多种多样的生产模式，发展出多样的产出，需要多个工作模块、多种技能工种进行配合，生产线工艺复杂，流程烦琐。铁路产业各种属性集中通过铁路生产流程对"资源流－价值流"产生作用。铁路产业内部存在着大量细小繁杂的工作，而解决好这些细小工作的薪酬问题，则关系到各个单位产出产品的好坏，关系到是否能实现利润，也关系到铁路会计信息质量的水平。

铁路运输生产流程包括三个重要的组成部分：铁路调度指挥生产流程、铁路货运生产流程和铁路客运生产流程，如图 4 – 7、图 4 – 8、图 4 – 9 所示。

（1）铁路调度指挥生产流程。调度指挥本质上包括行车指挥（类似交通警察职能）和客货运输及车流运输组织。由于调度指挥采取集中统一方式，而且我国目前调度指挥在重要的时刻资源分配时并没有考虑机会成本和可能的价值损失，导致我国铁路"资源流－价值流"产生价值计量上的系统性失真问题，引起铁路会计信息质量的受托责任和决策应用无法充分实现。

（2）铁路货运生产流程。铁路货运生产流程涉及托运人、车务、机务、工务、电务、车辆等工种，形成了极其复杂的生产交易环节。由于生产要素的非市场化和专业性资产内部市场尚未形成，以及铁路产业长期形成的对运输生产成本和运输收入的清算制度，导致铁路货运价值流核算形成的铁路会计信息质

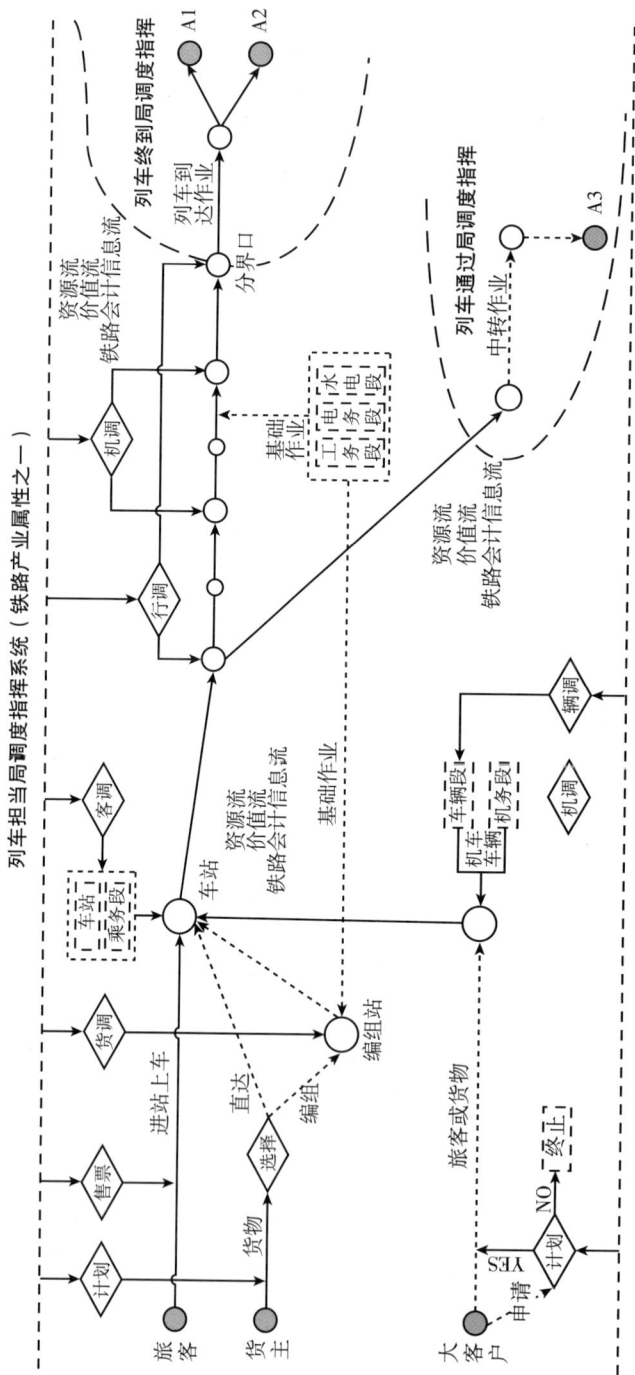

图4-7 铁路调度指挥生产流程对铁路会计信息质量影响示意图

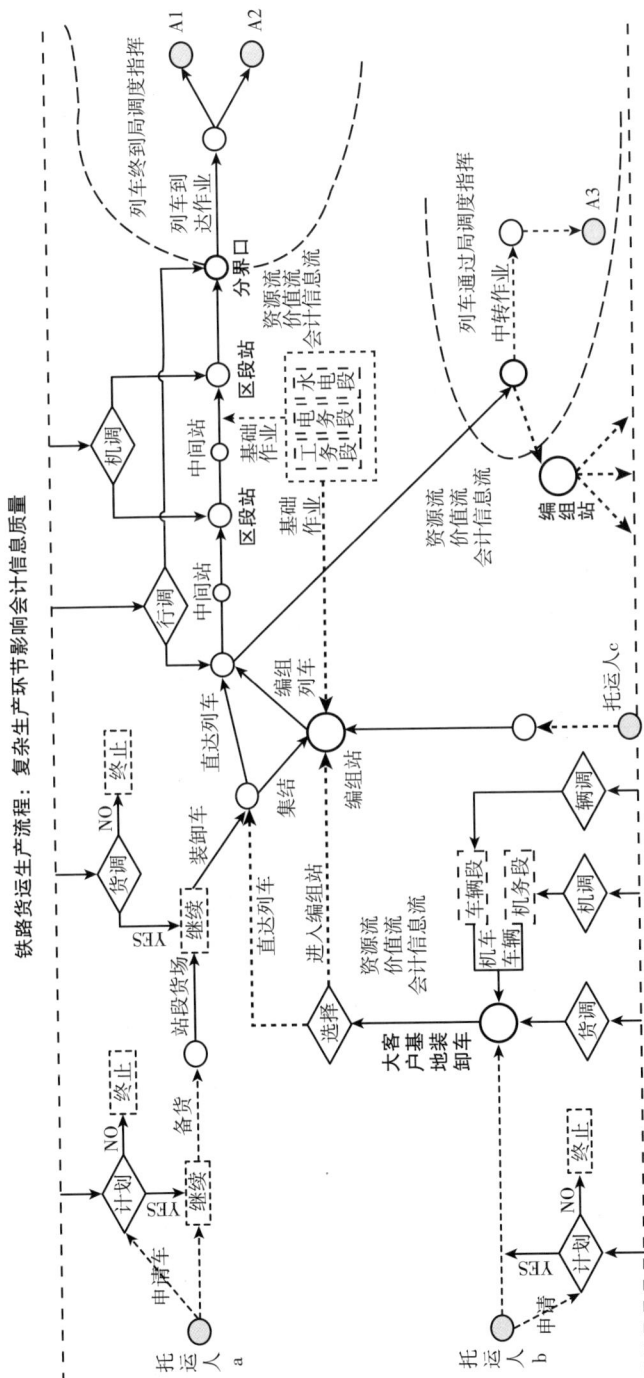

图4-8　铁路货运生产流程对铁路会计信息质量影响示意图

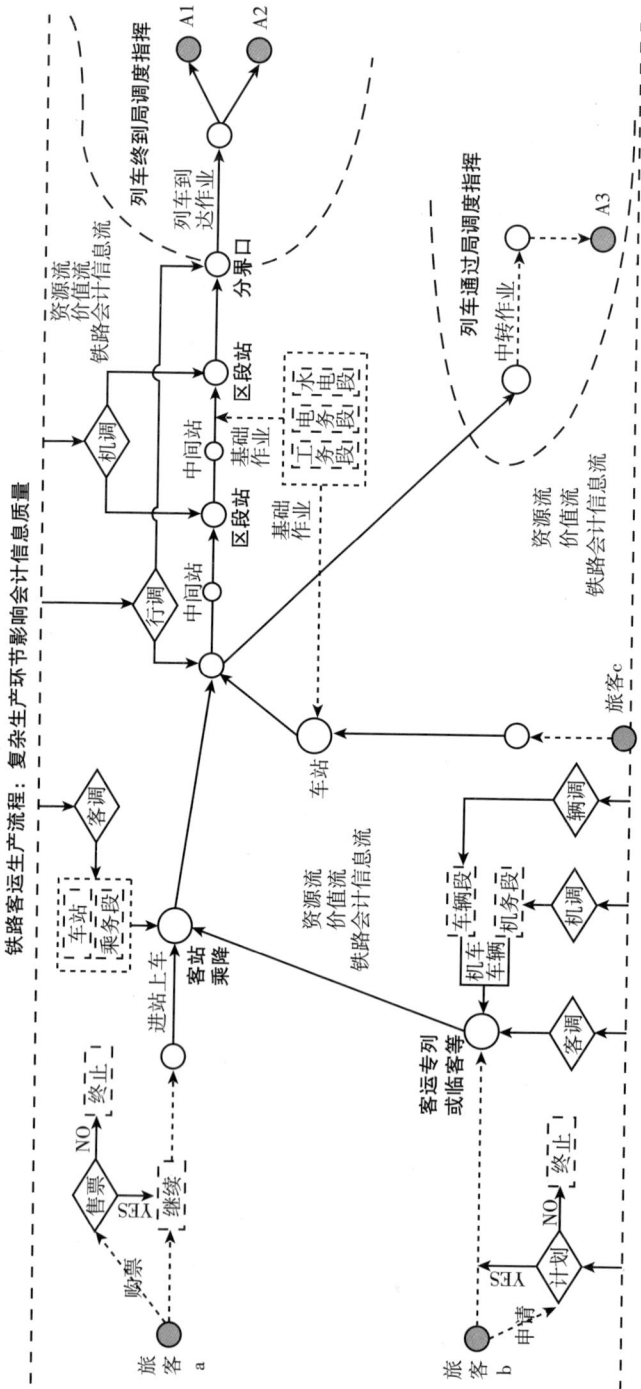

图4-9 铁路客运生产流程对铁路会计信息质量影响示意图

量出现问题，也就是出现"总体会计信息真实与局部会计信息失真"并存的局面。

（3）铁路客运生产流程。铁路客运生产流程比铁路货运生产流程相对简单一些，主要原因在于乘客上下列车和在车站乘降出入的主动行为。但是，由于普通铁路货运和客运生产活动的一体化，二者共用铁路线路、调度指挥、信息系统等共用性运输资源，如果铁路生产成本和收入分配的会计核算标准不能客观准确地反映真实的物质消耗和价值形成过程，则铁路会计信息质量就会产生重大问题，甚至对铁路运输企业管理员工的经营绩效产生不利影响，导致出现多重目标下的不对称激励问题。

二、铁路生产流程对会计信息质量影响表现维度

按照不同标准划分，铁路生产流程对会计信息质量影响有不同维度。

（1）运输产品维度。可以划分为客运、货运、集装箱等运输产品的会计信息质量。

（2）铁路工种维度。可以划分为车务、机务、工务、电务、车辆等不同生产活动环节的会计信息质量。

（3）运输企业维度。可以划分为国铁集团、铁路局、合资铁路公司、非运输类企业等不同类型铁路企业的会计信息质量。

（4）铁路产业维度。可以划分为铁路产业和非铁路产业的会计信息质量，这就要考虑铁路由于循环经济、外部性和公共物品属性导致的外部成本和外部收益在会计信息核算上的反映。

第四节　优化铁路会计信息质量的
实现路径

优化铁路会计信息质量的基本实现路径包括至少 6 个方面：

（1）铁路生产要素交易市场（价格发现市场），即通过铁路生产要素市场机制来发现其真实的价值流及其衡量标准；

（2）专用资产交易市场，即对铁路重要的非通用性资产（如大型维修机器设备等，这些设备专用于铁路产业自身的生产经营活动，导致按照市场价值评估较低）建立专业市场，通过市场机制发现和制订相关的价格标准；

（3）专业核算办法，即通过会计准则、会计规程、会计操作规范等来保障会计信息质量的制度体系；

（4）会计循环，即通过对会计确认、计量和报告各环节的优化来提高铁路会计信息质量；

（5）内部控制，即通过对控制环境、风险评估、控制活动、信息和沟通、监控的 COSO 五要素的控制手段，有效抑制管理层的机会主义行为，实现不相容职务分离，塑造企业文化，影响企业员工的控制意识，确保管理层指令得以高效执行，从而达到提高铁路会计信息质量和实现会计目标的作用；

（6）会计技术，即通过云计算、大数据和信息系统构建等技术手段，全面、多方位、多角度地使会计信息质量变得更好。

第五节　本章小结

本章分析了铁路产业的固有属性和非固有属性。其中，固有属性包括网络经济性（规模经济和范围经济）、资产专用性、公益性、自然垄断性等，非固有属性包括调度指挥集中统一、财务清算、会计分级核算、预算管理等特征。铁路产业属性，也就是铁路产业的固有属性或非固有属性，会构成铁路"资源流－价值流"会计信息确认、计量与报告的制度基础，并成为决定会计信息质量的先决条件。这些特征通过铁路"产业属性－资源价值流－会计信息质量"分析系统，最终对会计信息的真实性、谨慎性、相关性、可比性、透明度产生作用。

第五章

关联交易的会计信息质量优化研究

第一节　铁路关联交易类型与核算模式

一、铁路关联交易类型

铁路运输企业属于典型的网络型产业，产品生产是由路网基础设施和路网上部运输工具共同作用完成。路网设施线路相互连通，网络特征突出。因此，铁路运输企业内部存在大量的关联交易。这些关联交易大体可以包括以下两个方面：

一是在跨局运输过程中，各铁路局作为区域性铁路运输企业，需要相互提供旅客和货物发送、线路使用、机车牵引、供水供电、旅客和货物到达等方面的服务，相互之间存在大量的日常关联交易。这些关联交易在收支两条线下，是按照客运和货运收入的清算办法相互进行清算，具体问题在第六章进行研究。

二是合资铁路与国有铁路二者之间的关联交易。随着国家《中长期铁路网规划》的深入实施，铁路大规模建设已全面展开，合资铁路项目超过一半，其地位和作用日益显现。合资铁路公司由于人员、技术力量等方面相对于铁路局处于劣势，导致其运营期间的调度、线路日常维护等工作只能委托铁路局代为管理，签订委托协议并支付委托费用。在这个过程中，国有铁路与合资铁路二者的关联交易日益密切并复杂。据统计，合资铁路公司每年所支付的委托代理费用在上千万至数亿甚至数十亿元之间不等，而委托金额均是由铁路局给出，而后直接与合资铁路公司签订协议，该费用的公允性遭到质疑。这对合资铁路会计信息的质量、合资铁路价值的评估和铁路投融资都会产生重大影响。因此，本章着重研究国有铁路与合资铁路二者之间的关联交易会计信息质量优化问题。

1）合资铁路与国有铁路之间的关联方关系分析

（1）从产权关系上看，铁路局控制合资铁路。合资铁路的投资主体是由国铁集团、地方政府及其他投资者共同组成的多元化的投资主体结构，其中国铁集团对合资铁路的产权由铁路局作为出资人代表。铁路局作为最大的股东按照《公司法》规定依法行使投票权和表决权，对合资铁路公司人事任免、财务和经营政策实施控制。

（2）从行政关系上来看，铁路局具备实际控制合资铁路的条件。铁路局受国铁集团的委托，作为地方具体的行业管理者，在规划建设、安全监管、技术规范、运输统计，以及调度指挥、运输组织等准行政关系等方面，承担相关的行业管理责任。合资铁路运输服务标准、经营管理制度、财务制度在很多方面也要遵循国有铁路的标准和模式。

（3）从生产过程关系上看，国有铁路实际控制合资铁路。一方面，合资铁路公司的运输经营活动委托国铁运营；另一方面，合资铁路公司作为铁路运输网络中的一个节点与其母公司（铁路局）之间存在着十分紧密的相互依存关系。合资铁路公司不能完全独立、自主地组织运输生产等相关经营活动，而是需要服从全路统一的运输生产战略。随着全路生产力布局的进一步调整，全路统筹规划运输组织，集中统一指挥运输调度。铁路局直管运输生产，在已实行运输生产委托管理的合资铁路公司基本上不再直接承担运输生产职能。

综上所述，铁路网络性及合作经营的经济属性共同决定了铁路局与合资铁路公司既有共同的利益目标，维持紧密的同业经营合作关系，又保持着经营竞争关系。由此决定了其关联交易一般至少包含商品和劳务往来、担保、资金往来及人事交叉四种关系。

2）关联方交易主要类型

合资铁路与国有铁路的关联方涉及国铁集团、铁路局、基层站段及其所属子公司等各个层面。本书主要针对铁路局的层面进行探讨。按照《企业会计准则第 36 号——关联方披露》及契约关系的经济内容分类，目前合资铁路公司与铁路局之间的关联交易类型及其主要交易内容如表 5-1 所示。

表5-1　合资铁路公司与铁路局的关联交易类型

关联交易类型	主要交易内容
购买或销售材料及其他资产	主要体现在铁路专用材料和设备的购销上，如铁路局材料段销售给合资铁路公司的机车车辆配件、轨料、柴油、油脂及其他路用材料等，铁路局辅业企业销售给合资铁路公司的铁路货场装卸机械等
提供或接受劳务	一是网络性有偿协作服务，如运输生产过程中相互提供的机车牵引、车辆使用、线路使用、旅客服务、售票服务、列车上水、编组等； 二是专项有偿服务，如铁路局机务段为合资铁路公司提供的机车专业维修和救援服务、车辆段为合资铁路公司提供的车辆专业维修和列检服务，国铁提供的建筑、水电检测、防疫等服务； 三是管理性服务，如国铁调度部门为合资铁路公司提供的调度服务；公检法部门为合资铁路公司提供的政府职能服务和安保服务等

关联交易类型	主要交易内容
代理	主要体现在网络性协作代理，如双方收入管理部门相互代收运输进款（包括由一方代表另一方进行债务结算）、合资铁路公司为铁路局或辅业企业提供的运输代理服务及为集装箱、行包、特货等专业公司提供代办工作等；还有一些专项代理，如国铁人事部门为合资铁路公司提供的人力资源管理等
租赁	以经营租赁为主，如机务段为合资铁路公司提供的机车租赁、车辆段提供的客车租赁等
提供资金	包括股权性和债务性两类，如国铁对合资铁路公司的资本投入（含既有线及各类实物投入、后续更新改造投入、少部分无偿划转）提供的商业信用资金，以及各种应收应付款项形成的资金占用等
担保	以保证合同为主，如根据合资铁路公司章程规定，铁路局为合资铁路公司提供的贷款担保，以及公司自身提供的信用贷款、项目贷款担保
管理方面的合同	包括综合性和单向性两类，目前主要是指铁路局与合资铁路公司签订的受托生产作业（或资产）管理合同，以及衍生的安全、运输、机务、工务、电务、车辆等专业管理和咨询服务等分管理合同
许可协议	包括国铁集团授权的行政许可审批和以准行政下达执行的各项权利和义务，如国铁对合资铁路公司的调度指挥、运输组织、过轨、分流等

国有铁路是关联交易中提供服务的一方，也是主要的投资者。因此，关联交易直接影响到国铁经营和投资活动现金流入和流出、经营业绩和投资收益等方面。关联交易主要在经营业绩、所有者权益、市场开拓以及公司发展等方面对合资公司产生影响。关联交易对第三方的影响主要体现在不公允的关联交易安排不利于维护其他投资者（特别是小股东）的利益，不利于公司进行市场化融资，损害和破坏投资环境等方面。

二、铁路关联交易核算模式

从产权关系上看，铁路局或投资公司作为国铁集团的出资者代表，对合资、联营、股份制企业以其法人资产投资比例拥有出资者权益。铁路局需要将其控股的合资铁路公司纳入合并范围，编制铁路运输合并会计报表。因此，对于纳入合并范围的合资铁路公司,铁路局编制合并会计报表时会进行内部交易的抵消条件。例如,目前,合资铁路的运输经营活动基本上都是委托经营,即合资铁路公司仍然保留独立的经营架构,只将其运输经营权委托给受托方,运输经营收益作为合资铁路公司的收益,合资铁路公司支付受托方相应的经营报酬。因此,关联交易一方面构成合资铁路运输成本,另一方面构成铁路局的运输收入。编制合并报表时需要将铁路局个别会计报表中对合资铁路受托经营的收入与合资铁路个别会计报表中的付费支出相互抵消,将铁路局对合资铁路的长期股权投资与合资铁路的所有者权益进行抵消。因此,关联交易将不影响铁路局合并会计报表。按照关联方会计准则,在上市公司合并会计报表附注中也不需要披露与合资铁路的关联交易信息。但是,关联交易仍然会对合资铁路会计报表的确认、计量产生重大影响。关联交易定价高低、交易规模即会影响国有出资人的权益,也同时影响到社会出资人的利益。此外,作为控制性股东的铁路局是否会利用关联交易谋取私利也是需要关注的。

第二节　网络性－关联交易－铁路会计信息质量：传导与评价

一、网络性－关联交易－铁路会计信息质量传导机制分析

由于铁路具有网络性的特征,运输统一调度指挥,合资铁路公司的线路必然需要与国铁线路互联互通。同时,合资铁路资源

配置存在缺口，如运营、管理、技术能力薄弱，无法自主进行运输生产。相对于合资铁路公司，铁路局具有明显的专业优势。目前，在合资铁路采用委托经营的模式下，铁路局是代理人，以合资铁路的名义经营。对客户而言，由委托方合资铁路公司承担运输责任；同时对内而言，合资铁路公司负责支付铁路局劳务报酬。委托运营模式下运输生产过程的各项活动也需要大量的协作。铁路局、各站段、车间、班组等都有可能与合资铁路公司的各部门之间发生交易关系。

客观来说，基于协同效应的、公允关联交易可能给交易双方带来有利的影响。关联关系节约了大量商业谈判的交易成本，同时可运用行政力量保证合同的优先执行，提高交易的性价比和效率。然而，由于双方可以运用行政力量撮合关联交易的进行，交易的价格、方式等在非竞争的条件下有可能出现不公正情况，会损害企业和相关投资方的利益。合资铁路公司与铁路局之间的关联关系对关联交易及其会计信息质量的不利影响主要体现在以下两个方面：

第一，铁路局集投资人、实际经营控制人、行政管理人多种身份于一身，对合资铁路拥有强大的控制权。合资铁路公司决策权、执行权、监督权三者交叉重叠，这必然使得合资铁路缺乏自主运营权，关联交易缺乏有效监管，导致关联交易过程有失公平、公开和公允。在实际的关联交易中表现出以下问题：合同权利、义务和责任脱节；没有明确的授权委托手续就签订各类合同、协议或做出承诺；按照约定俗成、习惯做法进行交易；以内部单据向合资铁路公司清算费用，交易凭据也不规范；收入清算和关联交易财务管理制度不健全，关联交易会计信息欠缺披露等问题。

第二，关联交易不具备竞争性的、自由交易的条件，交易公允价格难以确定。铁路网络性特征使得行业进入壁垒较高，经营专业性强，相对封闭。铁路对外没有形成市场化生产要素市场，对内没有建立专用性资产交易市场，因而，导致其服务和商品定价政策不具有市场性。加上铁路局对合资铁路强大的控制权，很容易产生不公允的关联交易。关联交易的定价忽高忽低、显失公允，投入产出的一致性、相关性和补偿性无法在清算价格中得到体现，个别项目（如机车牵引服务、客运服务等）成本的差异性被模糊化。

二、关联交易会计信息质量评价

铁路运输的网络属性和国有铁路企业的专业和资源优势，使得合资铁路必须依赖国有铁路。与此同时，合资铁路与国有铁路之间存在着复杂的关联方关系。在这些因素作用下，国有铁路对与合资铁路关联交易的安排一般具有很强的控制权，从而容易造成关联交易定价不合理，关联交易收入和成本核算不公允，会计信息披露不完整，甚至存在虚假交易的问题。这些问题降低了合资铁路会计信息的真实性、相关性和透明度。不公允的交易定价和不透明的会计信息，不利于公司进行融资特别是市场化融资，不利于维护各投资方的利益，甚至损害和破坏投资环境。

第三节　关联交易会计信息质量
改进路径

一、建立铁路生产要素交易市场

铁路产业属于资本密集型产业，铁路的建设和运营需要耗费巨大的财力、技术等资源。铁路运输生产要素主要包括技术和服

务要素、资本要素、劳动力要素、劳动对象要素等。铁路运输在
这些要素的共同作用下完成旅客与货物运输。为了促进铁路产业
生产要素的价格发现，促进生产要素的确认、计量，提高铁路会
计信息的价值相关性，需要建立铁路生产要素市场。铁路生产要
素市场的具体内容如表 5 - 2 所示。

表 5 - 2　铁路生产要素市场

生产要素市场	主要内容
劳动资料市场	提供铁路运输所必需的线路、机车、车辆、通信、信号等劳动资料的市场，主要由中国中铁、中国铁建等线路施工单位，中国中车等铁路机车厂商，北京铁路信号有限公司等信号设备厂商以及国外相关厂商构成
技术和服务市场	提供铁路运输所需的各项专业技术和服务的市场，包括轨道技术、通信技术、车辆维修技术，供水供电服务、旅客发送与到达服务、货物承运与装卸服务等。主要由铁路局各个站段、中国铁道科学研究院、中国移动通信集团等企业构成
资本市场	供给铁路运输建设与运营所需资本，主要由政府投资、银行贷款、债券市场和股票市场组成
劳动力市场	供给铁路运输正常运作所需要的各部门的职工的市场，包括各铁路局及其合资铁路雇用的职工和社会成员
劳动对象市场	由经济社会产生的各种需要进行空间位移的旅客和货物构成，包括社会大众和企事业单位

　　除了建立与发展外部市场外，还应建立运输资源配置的内部
市场，改变目前运输组织过程行政化的计划管理手段。按照公平
性和非歧视性原则，对合资铁路的过轨、排空、接重、运量分
配、车流径路和"限制口"装车量予以市场化安排，使合资铁路
公司享受国铁待遇，实现自身车辆、车流、车种配置和客车开行
方案等，减少对其经营成果的影响。

二、构建促进可持续发展的关联交易治理结构

　　为了促进铁路可持续发展，形成铁路投融资长效机制，
首先需要国铁集团、铁路局、合资铁路公司三方按照"公平

与和谐"的原则，构建关联交易的多层级治理结构。合资铁路公司各资源供给者之间利益的公平与和谐将有助于其产权与控制权博弈向均衡的方向发展，有助于企业资本结构的长期稳定。而资本结构的长期稳定是铁路可持续发展的决定性因素与保障机制。

国铁集团作为行业主管部门，应负责提供公共服务，监管铁路局层面与合资铁路公司之间的关联交易，制订和完善关联交易相关规则和定价政策，规范合资铁路公司与铁路局及专业公司之间的运输组织、付费支出、财务清算、资金结算、运输进款等活动，并加强监管工作，从而为关联交易的公平、公允性提供制度保障。铁路局应将合资公司归入到国有资本的监管范围，应研究制订规范国有铁路与合资铁路关联交易的实施意见，建立关联交易的内部控制体系，监管铁路局下属企业、站段与合资铁路公司之间的关联交易。

铁路局与合资铁路公司应当在各自企业财务报表、合并报表中披露涉及双方的关联方关系及其关联方交易的相关信息。如果存在活跃的报价市场，其价值可以按照活跃报价市场中的信息直接取得；如不存在活跃报价市场，无法按照市场信息确定其公允价值，则应当按照一定的估价技术方法确定。受托管理的经营项目应明确交易成本和管理成本，分账核算。合资铁路公司应该完善法人治理结构，加强董事会中非执行董事和监事会的作用，建立铁路局对合资铁路公司关联交易表决回避制度，加强监管大股东和内部人，在预算审核、绩效考核以及重大交易事项等相关决策方面的重点把关。重大关联交易如客车车辆租赁、机车牵引服务等需要经过特定批准程序，避免和减少不公平交易。

三、建立关联交易价格协商机制，完善信息披露

国有铁路与合资铁路关联交易价格的形成应遵循公开、公

平、公正的交易原则，体现互利性、相关性、市场性和规范性，使交易双方主体交易建立在平等的契约关系之上，做出独立的裁定，确保各方利益得到维护。因此，双方可以协商并参考国家指导定价，在市场可比交易价格、评估价等交易价格中选取较为合理的价格作为定价依据。对于难以比较市场价格或定价受到限制的关联交易，应通过合同明确有关成本和利润的标准。一般采用在消除个别成本和平均成本的不合理因素的基础上，采取成本加成法制定内部转移价格。关联交易定价应建立价格咨询和听证、论证机制，使关联交易可以在透明状态下进行，使得各利益相关方的知情权和参与权得到保证，提高委托代理费用的公允性，确保交易计量的准确性。

合资铁路需要加强关联交易会计信息披露工作。在合资铁路会计报表附注中，应该对关联交易定价机制、定价方法及其公允性进行详细的信息披露，对关联交易成本效益进行比较分析，提高关联交易信息的透明度，引导股东对关联交易的安排进行合理的决策。

在编制财务报告时，各铁路局应全面梳理决算中需要抵消的关联交易事项，所属单位需认真填报债权债务明细表及内部交易明细表，在上报前与对方单位核对一致，规范会计核算。对内部关联交易事项逐项梳理，并进行充分抵消。

第四节 本章小结

铁路的网络性导致铁路产业内部关联交易类型多且复杂。随着高速铁路的发展和铁路投融资体制改革的深入推进，合资铁路公司不断增加。目前，合资铁路一般采用委托国铁经营的方式开展运输。合资铁路与国有铁路之间存在着复杂的关联方关系。铁路运输的专业性很强,使得国有铁路在与合资铁路关联交易的定价安排上具有较强的控制权,从而导致关联交易收入和成本有失公允。同时,关联交易的日常管理和监督也存在一定缺失,会计信息披露不完整,甚至存在虚假交易,从而影响了合资铁路和国有铁路会计信息的真实性、相关性和公允性。针对上述问题,发展铁路生产要素市场,构建促进可持续发展的关联交易治理结构,规范交易定价和增加信息的透明度是提升关联交易会计信息质量的重要路径。

第六章

专用性资产的会计信息质量优化研究

第一节 铁路专用性资产类型与核算模式

铁路运输企业点多线长、资产种类繁多、运输设备流动性强等特点导致了资产核算和管理难度较大，会计政策选择和会计估计比较复杂。资产的专用性强、使用方式比较特殊，风险点较多，存在较大的管控难度。

一、铁路专用性资产类型

Benjamin Klein 等人在"Vertical Integration, Appropriable Rents and the Competitive Contracting Process"一文中首次采用了专用性资产这个词，并对其进行了详细的描述。他们认为，专用性

资产是一种特有的经济资源，该项资源由指定的经济主体控制或拥有，并且可以通过特殊的使用渠道使经济主体获取经济收益。奥利弗·威廉姆森在研究交易资本理论时进一步提出：资产专用性有许多模式，其中包括物质资本专用性和人力成本的专用性。资产的专用性主要有以下五种模式：场地专用性，它是为节约运输资金和库存而使一系列站点相互被紧密地联系排列在一起；物质资源专用性，例如使用专有模具生产特定的零件；通过若干种学习方法得到的人力成本专用性；专项资产，主要指依据顾客的紧急需求特定实施的投资计划；品牌资产的专用性，包含商品或组织的品牌和公司的商誉等。

网络分布是铁路运输企业独特的形成模式，生产任务需要路网的基础设备和路网上的运输器械共同努力和配合才能完成。由于铁路线路的固定性，其路网在建成之后，就难以改向满足其他的使用目的。即使可以实行资源的再度配置，也将导致铁路运输企业付出巨大的代价，造成极大的经济利益损失。这类独特的资产构成了铁路运输企业的"沉没成本"，具有专用性资产的特征。除此以外，与其他行业相比，铁路的运输车辆、高价互换配件及需要其他资产组合增值的品牌和技术等无形资产均具有特定用途。因此，本书研究的铁路运输企业的专用性资产范围拓展到存货、固定资产、无形资产几种类型。

分析大秦、广深铁路2013—2015年的年报，可以看出企业存货由原材料、其他互换配件、旧轨料、库存商品构成，固定资产由房屋及建筑物、路轨桥梁及其他线路资产、机车车辆、通信信号系统、其他工具及设备组成。根据专用性资产的定义，可以得出大秦、广深铁路的存货和固定资产基本可以归类为专用性资产，而且2013—2015年大秦、广深铁路的固定资产、存货占总资产的比例为60%～75%，可以看出大秦、广深铁路的资产专用性很强。

1）存货类型

铁路运输企业的存货包含原材料、库存商品、其他互换配件及旧轨料等，按成本与可变现净值孰低法计量，如表6-1所示。

表6-1　铁路运输存货分类

类别	内容
原材料	线上料、燃料、旧轨料、一般材料、库存其他互换配件、制服料及库存制服
其他存货	低值易耗品、委托加工物资、包装物

2）固定资产类型

《铁路运输企业固定资产管理办法》对固定资产进行了定义，主要是指那些单位价值超过5 000元，使用期限在1年以上，服务于劳务、经营管理或用于出租的有形资产。而在《企业会计准则》中对固定资产要求必须符合以下两个特点：服务于商品生产、劳务、出租或者为经营管理而拥有；其生命周期必须多于一个会计周期。对固定资产的确认不再以价值作为判定标准，按准则标准对固定资产建立目录，如表6-2所示。

表6-2　铁路运输企业固定资产详细分类

类别	内容
机车车辆	机车：蒸汽机车、轻油型机车、电力机车、内燃机车 客车：准轨客车，米轨客车 动车组：内燃动车组、电力动车组 货车：准轨货车、米轨货车 轮渡、大型养路机械、铁路起重设备
线路	轨道、道口、道岔、路基、桥梁、涵洞、隧道、其他桥隧建筑物
信号设备	车站设备：电气集中联锁设备、非集中联锁设备、无联锁设备、其他设备、车站信号专用电源设备 行车调度指挥设备：调度集中设备、TDCS设备、网络设备、调度监督设备 区间设备、列控信号设备、电务信息化设备、电务试验车检测设备、车载设备

续表

类别	内容
机械动力设备	电力设备、动力设备、试验设备、木工铸工设备、锻压剪冲设备、工作炉金属处理设备、工程机械、金属切削机床
传导设备	输电线路、变配电所、管道
电气化供电设备	接触网类、牵引变电类
通信设备	通信线路：光电缆线路、架空明线、线路基础设施、线路检测设备、其他 传播与接入网系统：传输设备、电话接入设备、综合接入设备、其他 铁路数字移动通信系统（GSM－R）及无线列调系统：交换子系统设备、智能网子系统设备、通用分组无线子系统设备、无线子系统设备、SIM 卡管理系统设备、监测系统、AN 节点设备、无线通信固定设备、铁塔及漏缆、移动及手持终端设备、地理信息设备 数据通信设备：路由器设备、交换机、网络安全设备、接入设备 调度通信系统：调度通信设备、记录仪 视频监控系统：前端设备、节点设备、终端设备 电话及电报交换系统、时钟与时间同步系统、会议系统、通信电源系统、机房环境监测系统、综合布线系统、广播系统、应急通信系统、短波通信系统、综合网管系统
高价互换配件	机车修理互换配件：内燃机车修理互换配件、电力机车修理互换配件 车辆修理互换配件：客车互换配件、货车互换配件 电力修理互换配件、信号修理互换配件、大型机械修理互换配件

3）无形资产内涵及范围

无形资产是指企业持有、控制的能够带来经济利益但不具备实物形态的可辨认非货币性资产。铁路无形资产一般包括：国有铁路特许经营权、铁路专利和专有技术、铁路土地使用权、铁路标志、徽章和名称、良好的地理位置和信誉、铁路销售的产品经营权等。

二、铁路专用性资产核算模式

1）存货会计核算模式

（1）存货计价方法。

铁路运输企业一般采用计划成本法对存货进行日常核算，但对于存货收发业务不多的单位，或为特定项目专门购入或制造的存货，可采用实际成本法核算。计划成本单价通过编制材料目录的方法加以规定，除有特殊情况外，计划成本单价在年内不作变动。铁路运输企业在会计期末，应将发出存货的计划成本调整为实际成本，材料成本差异一般按大类进行归集，有条件的企业可以按明细项目进行归集。在计算材料成本差异时，本月收入存货的计划成本中不包括暂估入账存货的计划成本。

（2）旧轨料的核算。

旧轨料是从线路上更换、拆下的尚可直接使用或经整修后仍可继续使用的建筑材料，具体涉及钢轨、道岔、轨枕、夹板、螺栓、螺母等很多种。在对轨道拆卸后需要对其中的材料进行鉴定，确定哪些材料已经作废，作为一般材料核算和管理。从线路上更换、拆下的轨料，根据点收记录的数量和规定的价格确认原材料，同时冲减相关成本费用或资产。在对当期的损益计算时应该将整修旧轨料时所产生的各项费用加入其中。

（3）低值易耗品的摊销。

铁路运输企业领用低值易耗品、包装物等周转材料时，采用一次摊销法。

（4）存货减值。

存货在资产负债表日按照成本与可变现净值孰低法核算。可变现净值低于账面价值时需要计提减值准备。如果某些影响减记存货价值的因素不复存在，那么转回的时候需要建立在原已计提的存货跌价准备金额内的基础上，并且在当期损益中考虑进去。对某些进行了计提跌价准备的存货来说，应于当期结转已计提的跌价准备。

2）固定资产会计核算模式

（1）固定资产初始确认与计量。

确认条件为固定资产形成的经济收益很可能流入企业，其成本能够可靠计量。固定资产按照取得成本计量。

（2）固定资产的折旧。

折旧方法通常使用的是年限平均的方法，依据入账价值和预计净残值，并且结合其预计使用寿命完成计提。针对部分已经计提了相应减值准备的固定资产，在后期计提的时候应该考虑到其还能够继续使用的年限。

对于那些满足使用状态的固定资产，如果还未进行竣工决算，那么必须进行估价入场处理，通过计提折旧来合理调整其暂估价值；竣工决算后，不得调整原已计提的折旧额，应根据剩余使用年限重新确定折旧率，如表6-3所示。

表6-3　固定资产的预计使用寿命、净残值率及年折旧率

项目	预计使用寿命	预计净残值率	年折旧率
房屋及建筑物	20～40 年	4%	2.4%～4.8%
路轨、桥梁及其他线路资产	16～100 年	0%～4%	1.0%～6.0%
机车车辆	20 年	4%	4.8%
通信设备	8～20 年	4%	4.8%～12%
其他工具及设备	4～25 年	0%～4%	3.8%～25%

（3）固定资产账面价值。

针对铁路运输企业而言，如果固定资产需要进行无偿划转，那么划转的单位需要严格按照固定资产账面价值来进行，从而合理减少上级拨入投资，在计算当期损益的时候还需注意，必须把相关的拆卸费用和运输费用考虑进去。根据划出单位的账面价值，划入单位合理增加上级拨入的投资，其中涉及的拆卸、运输以及安装等费用都需要在计算固定资产入账价值的时候考虑进去。国家铁路运输企业内部无偿划转固定资产，划出、划入单位发生的拆卸费、运输费、安装费等相关费用计入当期损益。

（4）高价互换配件和线路的核算。

高价互换配件：高价互换配件是指为运输设备等固定资产修

理而储备的，使用寿命超过 4 年，且可反复修理使用的组装总成部件、机组或大型结构互换配件。在购买后应该将其计入固定资产中进行核算，在预估的有效年限内对其分类进行折旧。

线路：由于线路中的钢轨（包括道岔）、轨枕、道砟等资产具有可通过大修实现局部更新的特点，在计提折旧的时候无须考虑这种资产，但是相关的后续支出需要采用费用化的方式，并且在当期损益中考虑进去。线路资产中的路基、隧道，考虑到该部分资产使用寿命很长，实务中不能对其使用寿命进行估计，更新、大修难以划分，不对该部分资产计提折旧。

（5）固定资产的后续支出与处置。

固定资产的后续支出主要涉及是费用化还是资本化问题。费用化支出主要包括了桥梁和隧道的病害修理、路基病害消除、各类运输工具的修理等。而成段更换接触网、成段更换电力贯通线、电务整站联锁设备更新、机车车辆加装改造等各项设备的更新、制式改变或升级支出，予以资本化。

在处理固定资产的时候需要注意，如果不能产生经济利益，那么对这样的固定资产应该立即终止确认。无论是固定资产的出售转让，或者是报废和损毁的时候都应该对其进行合理的处置，在计算当期损益的时候首先应该对账面价值进行扣除，同时还要考虑税费的影响。

（6）固定资产的减值。

在资产负债表日，铁路运输企业需要对固定资产是否出现减值迹象进行判断。固定资产出现减值迹象时，需要计算其可回收金额，判断是否发生减值。如果发生减值，需要计提固定资产减值准备。

3）无形资产会计核算模式

（1）无形资产初始确认与计量。

确认条件为无形资产形成的经济收益很可能流入企业，其成本能够可靠计量。无形资产按照取得成本计量。企业自身研究所产生的无形资产，从符合相关条件开始直到计划用途实际落实这一期间的支出情况都属于成本，而此前相关支出不进行调整。

（2）研发支出的核算。

内部研发支出包括两类：一是研究时期的相关支出，应该计入当期损益；二是开发时期的相关支出，如果符合资本化条件，就应实施资本化，确认为开发支出，等到形成成果，再结转为无形资产。

具体来说，开发支出资本化，并最终确认为无形资产必须同时满足五项条件：第一是技术可行性，即完成的无形资产能够使用或出售；第二是意图可行性，即准备形成无形资产、使用或出售；第三是经济可行性，即开发的无形资产或其生产的产品存在内外部需求，并且有用；第四是条件可行性，即能够获得所需的各项物资资源、人力资源和技术资源支持，以完成开发和投入应用；第五是计量可行性，即开发支出能够可靠计量。

（3）无形资产的摊销。

无形资产如果使用期限有限，那么从其能够正式使用开始到不能认定为无形资产时终止，期间应进行科学恰当的摊销。应该摊销的资金数额，主要是从成本中对预计残值进行减扣之后的数额，已经计提减值准备的应该对其进行减扣。摊销的资金通常纳入当期损益，如果有会计方面明确规定的按要求执行。

（4）无形资产减值。

在资产负债表日，铁路运输企业需要对无形资产是否出现减值迹象进行判断。当无形资产出现减值迹象时，需要计算可回收金额，判断是否发生减值，在可回收资金比账面价值低的情况下，需要计提无形资产减值准备。

第二节 专用性－确认与计量－铁路会计
信息质量：传导与评价

一、资产减值核算质量传导机制

铁路路网和运输设备一旦形成后很难改变用途，其投资构成了"沉没成本"，是典型的专用性资产。铁路经过六次大提速后，列车运行呈现高速、重载、高密度的特点，对线路及相关设备的损伤程度加大，相应设备使用周期缩短，对设备质量的要求提高。与此同时，由于铁路长期处于低票价运输并承担了大量的社会公益运输，从而造成连年亏损，运输设备维修投入严重不足，部分设备超负荷运行，部分项目欠修严重。因此，受设备磨损、更新换代及价格因素的影响，铁路运输的固定资产和存货都存在一定的减值风险。随着科学技术的飞速发展，我国铁路运输行业研究部门研发水平也在增强，铁路运输专利技术更新较为频繁，有些无形资产已被其他新技术替代，使其为企业创造经济利益的能力受到重大影响。根据财政部《企业会计准则》的规定，需要对这些资产计提减值准备。

《铁路运输企业资产减值（跌价）准备计提办法》（以下简称《办法》）规定铁路运输企业资产减值由本级资产减值鉴定委员会审批，包括减值迹象的判断和减值的计提。对于存货、固定资产、无形资产等，参照了我国《企业会计准则》的规定，分别制定了有关减值迹象判定的标准，主要包括：市价的大幅度下跌，经济、技术、法律环境的变化等。同时规定在用的存货和能够正常使用的固定资产和无形资产不需要计提减值。但是，《办法》

对正常使用的内涵没有具体阐述和规定。《办法》对可回收金额的计算方法作了相应规定，然而对于不同类型资产未来现金流量的估计方法则没有作出具体规定。

铁路资产规模大、类型多，需要结合其价值特征选择适当的价值评估方法进行估值。由于铁路资产具有专用性和不可替换性，缺乏活跃的交易市场，难以取得市场价格，预计未来使用和处置所产生的现金流量也有很大难度。这影响了铁路运输企业进行资产减值估计的内在动力。此外，国有产权性质以及对国有资产流失责任的规避也会降低管理层采用谨慎性会计政策的偏好。

根据大秦、广深铁路2012—2019年的年报数据可以看出，只有广深铁路在2012年和2019年对机车车辆进行了减值准备计提，原因是一批机车因为技术更新已不能再应用于商业运作，已无实际使用价值。而大秦铁路在2012—2019年之间根本就没有对固定资产计提减值准备，企业不按照《办法》对固定资产计提减值准备，使得铁路运输企业的固定资产虚高，导致会计信息的失真。铁路运输企业对于正常经营生产中使用的一般材料、燃料不计提存货跌价准备。从表6-4和表6-5中可以看出，2012—2019年间，广深铁路每年都对存货中的其他互换配件计提存货跌价准备，而大秦铁路在此期间均没有对存货计提跌价准备。另外，铁龙物流除了在2012年对固定资产计提了548万元减值外，再也没有计提减值。对于无形资产，上市公司基本没有对其计提减值准备，导致企业无形资产价值虚高，从而影响了会计信息的真实性。

表 6 – 4　广深铁路专用性资产减值准备计提情况

单位：元

项目	2012 年	2013 年	2014 年	2015 年	2016 年	2017 年	2018 年	2019 年
路轨、桥梁及其他线路资产	—	—	—	—	—	—	—	—
机车车辆	1 957 237	—	—	80 392 550	—	—	—	—
通信设备	—	—	—	—	—	—	—	—
其他工具及设备	17 634	2 773 379	2 773 379	1 161 662	—	—	—	—
无形资产	—	—	—	—	—	—	—	—
其他互换配件	18 043 548	18 043 548	18 043 548	47 347 939	—	—	—	—
旧轨料	—	—	—	—	—	7 844 355	202 518	—
原材料	—	—	—	—	—	—	9 569 627	11 171 207

表 6 – 5　大秦铁路专用性资产减值准备计提情况

单位：元

项目	2012—2019 年
路轨、桥梁及其他线路资产	—
机车车辆	—
通信设备	—
其他工具及设备	—
无形资产	—
其他互换配件	—

二、无形资产核算质量传导机制

作为关系国计民生的网络型产业，铁路运输必须取得政府授予的特许经营权和土地使用权，这成为铁路企业重要的无形资产，在此基础上也促成了铁路运输企业的垄断地位，继而形成了相应的商标、标识、信誉等无形资产。从 2004 年我国开始发展高速铁路至今的 10 多年中，我国铁路系统、高铁制造企业等通过原始创新、集成创新以及引进消化吸收再创新等手段系统地掌握了一体化的高速铁路成套技术，形成了完备的自主知识产权体系和世界先进水平的高速铁路技术体系。构成了我国高铁"走出去"

战略的巨大竞争优势。这些无形资产附加值高,但是需要与有形资产组合产生增值能力,因此,专用性更强。

按照我国《企业会计准则》的规定,无形资产在满足未来经济利益很可能流入企业和成本能够可靠计量两项条件下即可进行单独会计核算。铁路运输企业无形资产包括外购和自创取得两种方式。对于外购的专利和技术需要按照外购成本计量,对于自创的专利、技术、商标等按照自创成本计量。但是,自创或者研发形成的无形资产实行的是有条件资本化。其中,进行新技术、新方法的调查、探索阶段的研究费用直接计入当期费用,不能资本化;而商业应用阶段的开发费用需要同时满足五项可行性条件时,才能先确认为长期资产——开发支出项目,并且实施动态核算,年末不符合资本化条件时转入当期费用,符合资本化条件的一直累积,等到商业开发成功时再作为无形资产核算,没有开发成功则列为当期费用。因此,开发支出资本化的条件较为复杂,会计职业判断和管理难度较大。

铁路运输企业对无形资产的认定远远不够。作为国铁集团的子公司:大秦、广深铁路年报中无形资产只包括土地使用权和电脑软件,对研发支出状况未进行披露。原铁路总公司从原铁道部承接的大量商标权、专利技术等都没有入账。如果能够对既有无形资产和今后通过研发形成的无形资产进行入账处理,将大大增加铁路运输企业资产价值。然而,我国铁路运输生产、管理的复杂性和技术专用性导致科研项目内容多,类型多,研发周期长,成果的形成难度很大,故难以统一确定不同科研项目开发支出资本化条件。管理的滞后使我国铁路开发支出和无形资产并未得到应有的价值评估和认可,尤其对高速铁路的国际化发展起到明显的掣肘作用,甚至大部分的科技成果形成后挂在科技成果库而在财务系统里没有反映,研发支出也是一律进行费用化。这与我国目前会计准则要求相悖,不利于企业的现代化管理。此外,作为有形资产密集型企业，铁路运输企业长期以来有"重有形资产、轻无形资产"的思想。铁路运输企业也未构建系统的无形资产相关信息披露体系，无形资产和智力资本信息不对称问题严重，影响了铁路会计信息的价值相关性。

三、资产变动的会计核算质量传导机制

由于我国地域广阔，使得铁路运输企业形成了点多线长的特点。目前，分区域的组织架构导致线路资产核算比较分散，无法完整地反映单个线路资产价值。铁路网络型运输特征导致许多运输设备长期处于流动状态。在统一调度指挥下，很多运输设备如机车、客车车辆、货车车辆分散在各地运行，完成繁忙的运输活动。特别是近年来，由于技术不断更新和升级，生产布局的改变，铁路机构的调整和站段的撤并等原因，设备在站段之间、铁路局之间频繁调入、调出。然而，跨部门资产验收调拨手续办理不及时，对固定资产的实物盘存和确认难度加大，资产增减变化的确认、计量与折旧计提的会计核算常落后于实际发生的情况，进而影响了会计信息的真实性和相关性。运输站段整合过程中，人员岗位发生变动，一定时间以后资产和相应的责任人就无法查找，从而造成固定资产流失和会计信息失真。

随着我国经济的高速发展，铁路运输运载量也逐年增加，导致机车车辆以及线路消耗的燃料和旧轨料也随之增多，站段间燃料调拨的频率提高也使得铁路运输企业存货的流动性增强，从而增加了存货运输盘点和确认的难度，易导致铁路运输企业存货会计信息失真。另外，由于相关财务人员的不负责任，企业存货的盘点流于形式，年末检查、审计核实时呈现出旧轨料没有按时清点入账，造成期末存货账实不符，也导致存货会计信息失真。

存货中的旧轨料、线上料和一般燃料都会因为一定的原因而无法继续正常使用，但是这些物资也不能随意地丢弃。由于相关管理人员的主观因素，企业的存货资产处置存在着以下的问题，导致存货资产的流失：没有按时处置清理废旧的燃料并将其及时登记入账；对于企业里大的报废资产进行处理时并未依据企业的报废流程进行估值，评估人员低价转卖，或在变卖后入账登记时隐瞒收入；管理人员的个人决策失误导致存货资产处置没有按照规定履行审批手续。此外，作为其他业务核算的废旧物资出售收入确认不及时。现在多数铁路局对废旧物资都是由物资段统一处理，其他站段废旧物资达到一定数量交由物资段统一竞标出售。有些车辆段在收到销售款时才确认收入，而不是在物资段销售实现时予以确认。

此外，在铁路快速发展过程中，固定资产基本建设、更新改造的规模也非常大。同时，存在固定资产建账资料审批、传递迟缓的现象，影响了资产管理部门、财务部门的工作效率。例如，在运输提速改造过程中，沿线的轨枕、信号、供电设备及运输车辆都进行了更新改造，但是，若施工单位、运营单位技术部门、财务部门未及时沟通，就可能导致财务部门未及时对已拆除的旧资产进行销账处理，以及未及时核算转入运营单位固定资产的基本建设工程，造成固定资产价值与实物价值不相符。

综上所述，由于铁路运输行业资产专用性较高，导致存货、固定资产、无形资产的估值较为困难。加上资产规模大、类型多、分布广、流动性强，影响了专用性资产会计确认与计量的完整性、及时性和准确性。铁路运输企业研发难度大，无形资产专用性强、估值难，研发支出也是一律进行费用化，使我国铁路无形资产并未得到应有的价值评估和认可。大部分的科技成果形成后挂在科技成果库而在财务系统里没有反映，降低了会计信息的价值相关性，阻碍了高速铁路的国际化发展。

第三节　专用性资产会计信息质量改进路径

一、发展铁路运输专用性资产交易市场

由于我国经济发展和资源分布存在区域性不平衡，导致我国铁路运输的经济技术水平也存在区域性差异。在铁路运输企业里面存在着一系列跟不上线路提速而淘汰下来的机车车辆，尤其以老式绿皮车为主。从节约资源的角度来考虑，因为提速而在原来线路无法运行的火车可以调拨至其他运行速度较低的线路使用。根据铁路局的规定，目前我国铁路运输行业站段之间的机车车辆实施的是无偿调拨。而无偿调拨不利于调动相关单位及人员的工作积极性。所以在路局之间应该建立有偿调拨制度，发展专用性资产内部交易市场，形成市场价格，维护企业内部交易的公平，提高相关部门和人员的工作积极性，从而解决机车车辆调拨不规范、会计信息失真的问题。与此同时，市场价格的形成有利于资产的计量。由于铁路运输行业资产专用性强的特点，铁路专用性资产存在估值困难的问题。目前铁路运输行业专用性资产根据技术人员的经验进行价值预估，路局站段间专用性资产市场价格认定不一致，容易导致记账的混乱，从而影响铁路专用性资产会计信息质量。因此建立专用性资产内部交易市场，有利于形成公开统一的价格信息，有利于资产入账价值的确定，也方便资产减值准备的计提，增加铁路运输专用性资产会计信息的真实性、准确性以及相关性，从而提高铁路专用性资

产的会计信息质量。

二、改进专用性资产会计核算规范

（1）根据资产的不同特点选用适当的资产价值评估方法。

目前，铁路资产减值核算办法仅仅是笼统地规定了可回收金额的估计方法。铁路资产规模大、类型多，需要结合其价值特征选择适当的价值评估方法进行估值。铁路路基所用建筑材料类型、技术与标准在较长时间内变化不大，可以采用复原成本法进行重估值。而钢轨、轨枕、道岔等基础装备的技术和物理标准不断加强；高速、重载的铁路运输需要重型化、无缝化的轨道结构，其强度不断提高。因此，这些资产的价值应采用重置成本法估值。对于在自然灾害发生频繁的地段需要重新建造的桥梁、隧道、涵洞，如果仍然按照原来的模式建造，就采用复原重置成本法；如果采用新型的建造技术，就采用更新重置成本法予以评估。

（2）充分确认、计量和披露无形资产。

长期计划管理体制下导致了铁路企业"重有形资产、轻无形资产"。在当今以知识要素为基础的生产和竞争环境中，无形资产已经成为企业价值创造所需要的关键资源，特别是以知识为基础的专利技术和专有技术等，因此进行研发支出的资本化改革也是铁路企业走向国际市场的必备条件。以往，铁路企业将研发支出全部费用化的做法实际上是忽视了无形资产这些"软资产"（相对于实物资产、金融资产这些"硬资产"而言）能为企业创造的价值。因此，为了避免决策判断偏差，企业应该对体现"软实力"的财务信息进行适当硬化。

铁路运输企业应加强无形资产核算和披露规范，特别是加强研发支出的会计核算。开发支出核算的关键点在于如何划分研究阶段、开发阶段，以及如何合理构建资本化条件。铁路运输企业应该针对不同类型、不同性质的研发活动，按照无形资产的特征进行经济实质的分析，构建符合经济实质、便于操作的资本化条件，增加开发支出资本化和无形资产的表内确认和计量，以便更加全面、真实地反映铁路资产的价值。有些无形资产（如知识产权等）作为"软资产"无论是在存量上还是其价值上，都难以给出定量的评价，需要通过信息披露来提供非定量信息。目前，铁路运输企业无形资产及研发支出的披露存在力度不够、过于简略的问题，严重降低了会计信息的有用性。现行会计报告披露主要是从会计角度而言的无形资产存量信息，其信息含量较小，传递信号不具体、不相关，因此，无形资产的披露质量也亟须提高。铁路运输企业需要提高自愿性信息披露意识，借鉴国际无形资产和智力资本报告研究和应用成果，以财务指标与非财务指标相结合、价值创造过程与结果指标相结合的方式构建铁路运输企业无形资产信息披露体系，披露影响企业核心竞争力的关键成功因素信息，从而提高铁路运输企业会计信息的价值相关性。

三、完善企业专用性资产内部控制制度

铁路资产的内部控制是一项复杂的管理工作。铁路运输企业资产规模大，经营性资产主要分布在各个站段，比较分散，需要加强基层站段资产购置、保管、使用、维修、调拨、处置和报废活动的风险评估，并建立健全相应的内部控制制度。综合运用不相容职务分离、资本支出预算控制、固定资产折旧控制、业务审批控制、资产清查、关键绩效指标控制等手段，实行定位、定岗、定人管理，以保证资产管理的规范化、秩序化，确保资产增减变动及结存原始信息的传递和加工，从而提供真实、相关的会计信息。

　　针对目前资产减值与无形资产会计信息质量的缺陷，除了需要完善资产减值准备、无形资产核算办法以外，还应建立健全资产减值、无形资产内部控制，从计划、组织、程序、标准、技术支持等各个方面保证资产确认、计量与披露的完整性、合理性。铁路运输企业实行新准则之后，对资产减值准备计提有了更高的要求。建立健全资产减值内部控制流程，可以使得资产减值制度更好地推行，从而提高会计报表的披露，防止铁路运输企业专用性资产价值虚增，促进铁路专用性资产的管理。铁路局、运输站段应以主管领导为核心，由业务、财务、技术、审计等部门人员组成工作组，深入现场，对可能发生减值迹象的重要资产进行经常性的价值评估工作。经过判断发生减值迹象的，企业内部资产使用和管理部门应收集相关证据、资料，填报资产减值（跌价）准备申报表，财务部门根据申报资料，计算资产的预计可收回金额、可变现净值以及资产减值金额，并以资产的账面价值与可收回金额的差额计提减值准备。为避免资产随意提取减值准备，铁路运输企业应严格规定不同类型资产的可回收金额的计算办法，采用复原成本法或重置成本法进行计算。可以直接从市场上找到相同资产价格的：可收回金额＝该项资产的市场价格×该项资产的成新率；无法从市场上找到相同资产，但可以找到同类资产价格的：可收回金额＝同类资产市场价格×该项资产的成新率，成新率由企业的资产管理部门和技术部门根据该项资产的技术性能、技术状态、利用率、维修保养等情况综合判定，实际工作中也可根据使用年限法确定；最后，资产减值鉴定工作组对计算出来的资产减值准备金额进行鉴定并签署意见，附相关证据资料，按审批权限上报各铁路运输企业履行审批程序。

　　铁路企业研发支出从全部费用化到有条件资本化需要技术、财务和业务各部门的密切配合，因此不仅财务部门要出台相关内部控制制度，企业内部也应采取措施来保障资本化的进程。研究开发活动需要建立项目可行性研究与立项、计划与调查、开发、成果转化等全过程内部控制制度，并实施定期和不定期跟踪评价。对于研发生命周期各个关键节点，由项目管理部门参照会计准则中研究与开发阶段的划分、开发支出五项资本化条件以及无形资产成果形成条件进行测试和评价。在充分考虑短期和长期市场风险、技术风险、资源条件等问题的基础上，对项目研发程度提供技术、市场等方面的测评，并向财务和相关管理部门报告。由此，财务部门一方面可以掌握研发项目进度和预算情况，另一方面，可以帮助明确资本化的进程，有利于核算规范，提高研发支出的会计信息质量。

第四节　本 章 小 结

铁路运输企业专用性资产主要由存货、固定资产以及无形资产构成。通过分析大秦、广深铁路财务报表发现这三项资产比例高达60%~70%，说明铁路运输企业的资产专用性强。由于铁路运输行业资产专用性较高，导致存货、固定资产、无形资产的估值较为困难。此外，长期计划管理体制下导致了"重有形资产、轻无形资产"。这些因素影响了专用性资产会计确认与计量的完整性、及时性和准确性。另外，资产流动性强，分布广泛，管理跨度大，沟通不及时也是引发资产会计信息质量问题的因素。

为了提高铁路运输企业专用性资产的会计信息质量，本章提出了以下优化路径：铁路运输企业之间建立有偿的资产调拨制度，发展专用性资产内部交易市场；完善铁路资产核算方法；建立健全资产减值与无形资产会计核算的内部控制制度等。

第七章

货运清算收入的会计信息质量优化研究

　　荣朝和、张梦龙认为为了适应自然地理环境和网络型产业特征，提高经营管理效率，我国铁路运输企业采用区域型组织架构而非干线型组织架构，导致了"时空尺度上运输产品完整性与运输企业经营边界矛盾产生的内部财产共用性问题"。目前，铁路总公司与各铁路局，以及各铁路局之间通过运输进款清算的方式进行利益分配，并据此考核企业运营效益，以解决上述矛盾。2005年后，打破了对各铁路局客运收入实行"系数调节"的清算方式，按照"收入来自市场，旅客运输承运结算，普通客运分段计算，提供服务相互清算"的办法，建立起相应的付费制度，客运收入基本实现了来自市场。但是，货运收入清算仍然是统收统分的模式。对于企业外部利益相关者来说，货运收入清算规则是不透明的，也是一个复杂的会计事项。随着政企分离，铁路运输企业的市场主体地位已经确定。市场竞争、企业化经营促进了铁路运输企业对社会资本的开放，需要制定更加科学、公允的运输收入清算办法，以激励铁路运输企业从生产计划的执行者转变为运输市场的经营者，促进运输生产方式的市场化，有效提高铁路运输的生产效率和效益。

第一节　货运收入清算与会计核算

一、货运收入清算

铁路货运收入清算即为，不同企业相互提供其共同实现的运输业务时，依据我国铁路总公司订立的结清规定或合作协议，依据收入清算单位给出的结算票据（或其他凭据），或是不同企业均认可的结算总额，进行收入确认的过程。我国货运收入进款清算包括普通货运进款清算、专业运输进款清算中属于货运的部分、其他运输进款清算中的货物运输部分、与货物运输相关的服务收入的清算四种类型。

2013 年之后，铁路货运收入清算的总思路为：在不同铁路局之间按"分段计算"进行清算，即在各局间分别根据"管内"和"直通"两种方式完成清算。其中，"管内"运输收入是指由一个铁路局完成的运输收入，均属于该铁路局；"直通"运输收入是指由两个及以上铁路局联合完成的运输收入，分别按照运行、发送、到达进行清算。铁路货运运价主要包括运营价格和铁路建设基金两部分。这些项目都依据清算单价乘以运输里程、货物重量等价格要素进行计算，而清算单价是国铁集团制定的。各种类型货运收入的清算办法具体如下所述。

1）普通货运进款清算

铁路运输企业普通货运进款清算的内容，包括货物运费进款、电气化附加费、货车中转技术作业费等。

（1）普通货物运费进款的清算。普通货物运费包括整车、零担运输的各种货物运费等，其清算的基本方式为：在执行不同运价政策的主体之间实行"分段计费"，在相同运价政策下不同企业类型的主体（国家铁路与股份制铁路等）之间按"分段计算"的办法清算。除铁路局外，该项进款直接作为相应企业（主体）的货运营业收入。铁路局普通货物运费进款的清算按"管直"（"管内"和"直通"）办法进行。具体计算详见后述。

（2）普通货运电气化附加费的清算。股份制铁路电气化附加费，根据管界内运输的实际里程，按"分段计算"办法进行清算，直接作为相应企业的货运营业收入。铁路局普通货运电气化附加费的清算纳入货运单项收入的清算。

（3）普通货车中转技术作业费的清算。股份制铁路普通货车中转技术作业费，根据管界内运输的实际里程，按"分段计算"办法进行清算，直接作为相应企业的货运营业收入。铁路局普通货车中转技术作业费不单独清算。

（4）各种分流运费、新路新价均摊运费的清算。在铁路局线路上运输核收的各种整车、零担的分流运费、新路新价均摊运费全部集中汇缴国铁集团，纳入铁路局的货运直通清算。

由上可知，铁路局货物运费进款的清算按"管直"办法进行。在"管直"办法下，铁路局货物运费收入清算的项目包括：货运管内清算收入、货运直通运行清算收入、货运直通发送清算收入、货运直通到达清算收入。具体内容见表7-1。

表7-1　普通货运清算方法

清算类型	具体办法
铁路局的货运管内清算收入	铁路局的货运管内清算收入，以本局实际完成的整车、零担运输的管内进款作为本局的货运营业收入
铁路局的货运直通运行清算收入	铁路局的货运直通运行清算收入＝本局实际完成的普通货物直通周转量×全路统一的直通货物周转量清算单价

清算类型	具体办法
铁路局的货运直通发送清算收入	铁路局的货运直通发送清算收入 = 本局实际完成的直通货物运费进款 × 全路统一的直通发送清算比率
铁路局的货运直通到达清算收入	铁路局的货运直通到达清算收入 = 本局实际完成的普通直通货物到达吨数 × 全路统一的直通货物到达清算单价

　　同时，铁路局还需要进行货运单项收入的清算。铁路局的货运单项收入清算的项目包括：电力附加费清算收入、编组站调车清算收入以及空车走行补偿收入。具体的核算办法见表 7－2。

表 7－2　货运单项收入清算

清算方式	具体办法
电力附加费清算收入	电力附加费清算收入 = 本局电力牵引区段产生的普通货物周转量 × 全路统一的电力附加费清算单价
编组站调车清算收入	编组站调车清算收入 = 有调作业辆数 × 全路统一的有调作业清算单价 + 无调作业辆数 × 全路统一的无调作业清算单价
空车走行补偿收入	空车走行补偿收入 = 本局实际完成的空车千辆公里 × 全路统一的空车走行补偿清算单价

2）专业运输进款清算中属于货运的部分

　　这部分清算内容包括货运运输进款中的集装箱、特种货物运输的货物运费进款、电气化附加费、货车中转技术作业费、集装箱使用费、篷布使用费、特种车回送费、长大货物车使用费、长大货物车延期使用费等。上述专业运输的各种进款，不论执行何种运价政策，也不论是否分段计费，均按照专业公司的性质将全程进款全部清算给相应的专业运输公司。具体内容见表 7－3。

表7－3　专业运输进款清算

清算方式	具体办法
承运行李、普通包裹的进款	承运行李、普通包裹在票据上核收的行李运费、普通包裹运费、行邮专列运费、邮运运费、行李车租用费、行李车包车运费、租用行李车挂运费、行李车包车停留费全部清算给行包公司，作为行包公司的营业收入
承运集装箱货物的进款	承运集装箱货物在票据上核收的全部集装箱货物运费、货物快运费、变更运费、电气化附加费、各种分流运费、新路新价均摊运费，以及集装箱使用费、自备集装箱管理费、集装箱延期使用费、货车篷布使用费、货车篷布延期使用费、集装箱赔偿费、篷布赔偿费、集装箱租赁费等全部清算给集装箱公司，作为集装箱公司的营业收入
承运冷藏车、家畜车、长大货物车装运货物的进款	承运冷藏车、家畜车、长大货物车装运的货物，在票据上核收的货物运费、变更运费、货物快运费、电气化附加费、新路新价均摊运费、京广线加京九分流运费、货车中转技术作业费、长大货物车空车回送费、冷藏车制冷费及冷却费、加冰（盐）费、冷藏车（家畜车、长大货物车）车辆租用费、押运人乘车费、长大货物车使用费、长大货物车延期使用费等全部清算给特货公司，作为特货公司的营业收入

3）其他运输进款清算中的货物运输部分

这部分清算内容包括货运运输进款中的货运其他进款、运输关联进款中的除客票发展金外的各项进款以及专项进款中的铁路建设基金等。

货运其他进款、运输关联进款除前述按规定应清算给各专业运输公司外，原则上全部清算给收款企业。

铁路建设基金，不论是国家铁路企业运输的货物核收的，还是股份制铁路企业运输的货物核收的，全部通过铁路总公司汇缴中央财政。

4）与货物运输相关的服务收入的清算

这部分清算内容包括主要服务收入、其他服务收入两部分。

（1）主要服务收入。

主要服务收入包括铁路运输企业的货物运输线路使用费收

入，以及铁路运输企业向外企业提供除客运业务以外的各种服务时向受益方收取的服务收入两大部分。具体内容及核算方式见表7-4。

表7-4　与货物运输相关的服务收入的清算

清算方式	具体办法
货物运输线路使用费收入	线路使用费收入 = $\sum$（本企业管界内的各类别货物运输列车公里×各列车公里的收费标准）
机车牵引服务收入	机车牵引服务收入（与货运相关部分）= $\sum$［机车牵引各种专列（分蒸、内、电）的总重吨公里×相应种别（分蒸、内、电）单价］+ $\sum$［机车牵引货车（分蒸、内、电）的跨企业总重吨公里×相应（分蒸、内、电）单价］
承运及发送服务收入	承运及发送服务收入 = 代办承运的全部运费×承运服务收入清算比例 + 发送吨×发送作业清算单价
到达作业服务收入	到达作业服务收入 = 到达吨×到达作业清算单价
中转作业服务收入	中转吨（换算箱、行包件）×中转作业清算单价
专业货运车辆挂运服务收入	车辆挂运服务收入 = $\sum$（在本企业开行的货物列车上加挂的其他企业的车辆产生的车辆公里×相应线路类别的车辆公里挂运费单价）+ $\sum$（在本企业开行的货物列车上加挂的其他企业的车辆产生的总重吨公里×相应企业相应机车牵引种别的机车牵引费单价）
车辆租用服务收入	车辆租用服务收入 = 实际使用车辆日×全路统一的分类别的车辆租用服务单价
劳务收入	劳务收入是指铁路局向专业运输公司提供劳务，而向专业运输公司收取的与劳务输出相关的服务收入

（2）其他服务收入。

其他服务收入是指铁路运输企业向外企业提供上述项目以外的其他服务取得的收入。其他服务收入根据提供与接受服务的双方协商的价格及签认的工作量进行清算。

二、货运收入会计核算

铁路货物运输收入是铁路运输企业开展货品运输以及其他相关业务时,利用专门凭证(票据),根据规定向货品托运或接收方收取的运输费用以及杂费。铁路运输企业的货运收入不但包含企业自身单独完成的货运业务收入,还包含多个企业联合完成货运而需要确认的收入,这一收入必须经过清算才可最终获取。随着市场的不断变化,铁路货运业务覆盖范畴日渐扩大,很多业务必须由多个运输企业分担方能完成,所以上述必须经过清算之后才能获取的收入在全部收入中的占比逐渐增大。

铁路货运收入的核计和确认遵循下述原则。

(1)货品(包括行包)运输,不论价款是否完全收取,都应该在办理完承运相关手续且已经开出票据凭证之后进行收入确认。

(2)部分在托运之后才办理承运手续的运输业务,譬如涉及军事运输以及政府指令性任务等,应当待起运之后根据实际票据进行收入确认。

(3)超过两个企业共同协作承担的运输,不同企业互相提供服务的,依据铁路主管机构订立的结清办法或联运协议,依据全国货运清算单位开出的结算票据,或各企业之间相互认定的结算额进行收入确认。

国铁集团内设立的资金清算中心在每月初对外公布前一月收入的清算结果,各铁路局收到通知后进行上月货运收入的确认与计量,资金则按季采取轧差法进行支付(真实清算营收——上级前期拨付)。

第二节　货运收入清算规程 – 确认与计量 – 铁路会计信息质量：传导与评价

一、概述

（1）政府统一定价，影响清算分配单价制定。

因为不同区域的经济水平、自然条件、人口流动特性不同，所以铁路运输商品及服务亦需要有显著的区域差异。另外，各运输企业拥有的基建设备、设施、装备、成员素养等资源不同，所处路网地点存在差异，而且运输货品类型不同，承运水平存在很大差异。这些供应需求区域差别应由定价差异来体现，并经由运价完成调节，所运行列车总量、类型、级别等也需依据市场供求明确并与运价相匹配。当前所用清算模式中，统一运价严重影响了清算作业结论。各铁路局只能获得全路平均水平的成本补偿，无法基于市场进行有效的激励。

（2）清算价格不能完整反映市场价格。

铁路长期实行政府定价，每次调价多是遵循保本微利原则，运价水平是多次调价累加起来的补丁价格，运输价格水平较低。随着铁路的高速发展，各种车型、不同线路的客货运如果都按照一个价格基准计算，则不能清晰地反映企业价值创造，也不能满足收入补偿成本的要求。虽然铁路货物定价方式已经从过去的政府定价变成政府指导定价，合资区段内提供服务的客运单价允许上浮，部分合资企业管理营运的动车、高铁车辆票价定价实现市场化，可是在具体实施上，定价依旧处于政府严格管制下，当前价格构成机制不能充分体现运输所耗成本，也不能充分体现运输的供求、季节、路线、趋向差别，在资源配置的市场化、运输市场的引导等多方面都有严重缺陷。

当前，国内铁路货运收入清算主要由管内、直通两种方式构成。直通运输中承运、发送、到达都是根据货运周转总量及统一清算定价或占比完成清算。仅有发送收入的清算与货运进款收入相关，而运行和到达清算收入与货物周转量、发送量、运用车等指标密切相关，而与所装运货物的品类、价值无关。清算单价是由区域平均成本加上全路盈利考量下的利润和税金构成的。在这样的清算方式下，无论装运什么类型的货物，其清算收入基本一样，但与之对应的成本支出却存在很大差异。在按照标记载重计费的规定下，运输轻浮货物与运输其他货物的动力消耗等成本费用截然不同。此外，高附加值的商品与低附加值的商品及不同地区的地形条件也使得铁路局的运输成本存在一定差异。但这些成本差异并未在清算收入中得以体现，不利于运输企业成为独立自主、自负盈亏的真正市场主体。和真实市场营运结论脱轨，收入得不到真实体现。

现行收入清算系统中，铁路运输公司互相提供服务的项目极多，而多数清算定价却保持数年不变，并未跟随环境市场及成本的改变而改变，致使提供服务的一方被迫承担不断提高的服务成本，严重挫伤了其积极性。例如，尽管机车牵引价格有过几次调整，可是调整幅度太小，频次太少，与日渐提高的人工成本、邮费和维修支出相比差异较大，难以覆盖成本，给服务供应方带来很大压力。又如在业务淡季时，许多线路上的列车空载率较高，可是因为无法取消列车，更不能降价以便招揽客户，严重耗费了运输资源。

二、清算规程 – 确认与计量 – 铁路会计信息质量：传导

我国铁路现行货运收入清算系统尚未实现全过程信息化，货票是由人工开票，然后经过数据和信息的记录、汇总和统计进行层层上报，并需要经过较多的人工分析和复核。具体流程如下：

第一步：货运站清算；

计划完成制票，或改变计划；依据运单显示的车种、车号出具货票，运输款项的核算、收取并选择结算方式；每天 18 点整结账，且须在限定时间内把所得款项存入银行，汇入专门收入账户，收回银行转账单据，填制"凭证汇整单"，将此清单明细、日记账及现金日记账清核，保证账证、账账、账实、账表相符。汇整货票完成整理票据的专门报告（财收四）、运输营收款项收支报告（财收八），完成旬月报告。

第二步：铁路局专门审核收入的机构审验货票资料；

审核内容包括：原始货品运输票据内的摘要；原始票据中所有子科目的汇总资料；杂费收据、退款凭据；坚持"先审核后清算、未完成审核不得执行财会核算"的基本原则，确保构成多种财会前期营收的财报数据完全精准。

第三步：铁路局核对专运企业货运资料；

从全局统一的清算平台下载上月全业运输营收清算数据；根据所得清单明细核对专业运输企业的收入、清算资料；专运企业核对各月数据同时反馈所得结果；核对结果需要细致到各站点，并解析找出差异发生的具体原由，为处理差异给予支持。数据核查应该坚持"有错就改、谁错谁改"的基本原则；数据如果有差异应该即刻修正，遵循"差异出现的当月调整"的基本原则。清算结果应该和全局营收月报保持一致，将完成核对的全部数据资

料呈报至国铁集团。

第四步：国铁集团核对并公布全部数据；

国铁集团内设立的资金清算中心在每月初对外公布前一月全路运输收入的全部清算资料；国铁集团收入部门及时将全业数据核对清楚，呈报所得结果；如果此次核对仍然发现存在营收列报有误，出现差异的运输企业应该在本月完成调整；货票数据缺漏或出错，则由国铁集团资金清算机构和信息部门确认，信息部门补齐票据或给出标记；国铁集团资金清算机构依据确认所得反馈资料予以调整；对财务组提供的会计报表、清算报表进行反馈，且面向全路发布所有清算资料。

由上述清算流程可以看出清算手续烦琐且滞后。因为铁路执行收支两条线，真实营运收益只有待清算完成之后方可得到确认。清算收入资金运用轧差法（即真实清算营收 - 上级前期拨付）拨付办法，加大了企业营运负担。企业应得差额资本只有在清算结束之后才能划拨给企业，这会给企业营运造成较大的资本周转压力，通常会导致企业不得不借款融资，加大了财务支出。此外，为满足清算所需，各局成立了专门的统计分析部门，投入了极多的人力物力资源，建立了大量的统计指标对海量数据进行解析，特别是对运输营收构成和结果均需进行解析，方可找到重要的影响因素，数据解析作业困难且工作量繁重。这些困难会影响财会核算的及时性，无法精准直观地体现铁路企业业务营运所得的经济利益。

三、铁路货运清算收入会计信息质量评价

目前，在我国铁路运输业高度集中管理的模式下，铁路货物运输主要执行"运价统一、一次收费、一票抵达"的形式。这一营运形式导致了运费统一收取、分配的模式，也就是各铁路局把所有收入统一缴付给国铁集团，由清算中心根据货品周转总量订

立标准单价，再依据各局单独执行完毕的管内周转货运总量，将单价和总量乘积所得结果作为清算额。由于路段不同、货物耗费成本不同，只依据货品周转总量无法充分体现各局运输的真实状况。历经数次货运收入清算变革，把过去只根据周转量要素核算变成融合了运输营收总量、获利、成本状况调节的模式，但仍然无法完全实现根据营运效益进行公平清算。货运清算设计存在市场化理念欠缺、没有区分公益性和经营性业务，对运输市场、运输品种、运输主体个体差异考虑不足，清算程序复杂，交叉补贴现象等问题。因此，当前清算模式无法完全真实体现铁路运输企业来自市场的营业收入、获利情况，从而影响了货运收入的真实性、相关性和公允性。

第三节　货运清算收入会计信息质量改进路径

在我国铁路运输业高度集中管理的模式下，铁路货物运输主要执行"运价统一、一次收费、一票抵达"的形式，这一营运形式需要在不同的铁路运输企业之间进行收入的清算。其关键问题包括两个方面：一是铁路运输企业应自市场上获取与其运输总量（数量）和质量定价一致的收入；二是运输企业处于不同背景条件下所付出的额外成本必须获得应有的补偿。为顺应国内铁路运输企业市场主体地位的要求，更好地发挥清算原则引导，推动运输企业积极面对、拓宽市场，提高综合得利，货运收入的确认与计量需要如实反映各运输企业来自市场的收益，对铁路货运收入所涉及的清算问题，本着程序、过程、手续、方法的简化以及公开、公平、公正的原则，对当前清算模式提出下述建议。

一、基于市场进行货运定价

铁路货运运输因其本身营运主体比较特殊，其货运定价与普通商品的服务定价存在差异，有其自身的突出特征，具体表现在：国内铁路运输定价至今依旧由政府严控，运价比较单一，有一定的公益特征，并具有外部性。《价格法》（18 条）规定：和国家经济以及民生息息相关的产品的定价，稀缺资源相关产品的定价，自然垄断营运产品的定价，为公共服务的特殊事业定价，重大公益性事业、服务定价，如确实需要，应该由政府予以指导或直接管控定价。铁路货运是我国经济、社会演进中影响极大的部分，和民生联系紧密，且具备垄断营运的特点，与上述条例吻合。所以，当前此类业务的营运定价以政府严密控制统一核定为主。近年，伴随多种现代营运手段的变化，为满足铁路运输企业的营销和运输业竞争的需要，国家逐渐放开了铁路运输业务定价的严控，制定了允许浮动定价政策，给予了一定的定价权。但是，在实际执行中，一般仍需由负责政府定价的主管机构允可之后方可执行。

为适应铁路企业参与货运市场竞争的需要，实现基于市场定价，保证铁路货运的营销、清算均与市场充分接轨，是铁路货运提升营收清算工作效率的首要步骤。订立货运单价之时仍需充分考量诸多要素，并基于市场状况确定基本定价和浮动范畴。坚持以基本定价和浮动自主相结合的原则，不仅保证了国家干预，同时又能结合铁路运输企业的现实状况，授予铁路局一定的定价权，可以有效激励企业和员工实现铁路企业价值最大化。

二、构建市场化的清算体系

为顺应铁路投融资体系革新以及铁路运输的多元变化，使得铁路货运收入清算更加规范，确保清算品质，保证此项工作推进有序，需构建更适于多元化营运主体的市场化清算模式。

1）区分公益性和经营性运输，公益性运输需要获得合理补偿

由于铁路网的自然垄断属性，政府部门一方面通过一定的规制措施尽量限制铁路企业的垄断程度，尽量打破行政垄断；另一方面又要通过一定的财政补贴保障铁路完成政策性和公益性运输。既要使市场这只"看不见的手"正常发挥作用，又要能够弥补"市场失灵"，避免"政府失灵"。考虑到国内铁路具有一定的公益特性，应确定公益运输作业范畴，积极争取公益贴补，构建以运输成本为基础的公益运输清算体系，实现铁路运输企业公益性和市场化属性的协调统一。公益性运输清算的最终目标是促使运输企业肩负社会职责时，补偿所付出的成本。这一缺口不但需要获得清算收入补偿，还需政府财政给予补偿，使铁路企业有能力完全保障军事国防、专运特运、节日运输、救援救灾、"老少边穷"地区、国土资源开发等公益性运输。

从商业运输范畴来讲，应该构建以市场为主导的内部清算制度。在理顺铁路运输行政和企业营运两方面管理、公益和商业特征的运输、铁路总公司和下属铁路局关系的基础上，建立更加明确清晰的产权体制；始终围绕市场需要，实现更高盈利，改进以运输资产付费使用的清算激励体系。

2）经营性货运清算模式市场化

铁路经营性货物运输是以广大货主为顾客，通过提供优质的货物运输服务参与市场竞争，进行价值的交换与创造。因此，为了激励铁路运输企业开拓市场，提高价值创造能力，减少内耗性竞争，经营性货运清算应遵循运输收入源于市场、收入反映价值创造能力、清算透明公正的基本原则，进一步完善清算定价和清算体系，细化服务标准。这就需要改变"统收统分"的清算方式。即让市场和参与交易的双方直接决定铁路运输收入清算分

配，使铁路企业的客货运输收入直接根据从市场上实际取得的运输收入和成本支出进行清算，而不再经过管理部门的二次调节平均分配。本着"运输收入直接来自市场，服务收入直接来自被服务对象"的原则对整个铁路运输市场的总收入进行两次分配。

货运营业收入取得可以采用两种模式来实现来自市场，即"谁承运，收入归谁；谁提供服务，向谁付费"的承运清算模式和"一家承运，联合运输，划分收入，各自付费"的分收入清算模式。根据我国国情和货物运输的复杂情况，目前采用两种模式进行操作。在承运模式下取得的货物运费，全部作为承运局的货运营业收入。在分收入模式下，按照各局参运该项货物运输工作份额的数量，将货物运费在各参运局之间进行划分，划分后所得的份额作为货运营业收入。两种模式所取得的收入之和构成货运营业收入额。货运支出由直接生产支出和向路网支付相关费用构成。但按照收支配比的原则和收入取得的方式不同，支出内容所包括的范围有所区别：承运模式的支出包括货物运输的全部支出，由两部分组成，一是货物运输的直接支出，二是向路网支付线路使用费等提供服务支出。分收入模式的支出，按取得收入的范围来承担相应的直接支出和付费支出。其中，直接支出包括划归货运的机务段和纯货运站等的直接生产单位的支出、支付货车车辆的使用费，向路网支付线路使用费，电力机车接触网使用费和电费，客货混合站为货运提供发送、中转、到达作业的费用，租用编组站等费用及各局货运之间相互提供服务的费用。

经营性清算的具体方法如表7-5所示。

表7-5　经营性清算的具体方法

清算方式	具体办法
源头明确货运承运企业收入	货运和电气化附加费收入去除特殊运价超出普通部分的，直接清算至承运企业；货运的特殊运费超出普通部分的收入清算给特殊运价执行公司

续表

清算方式	具体办法
依据业务主体确认货运其他收入	货运其他收入中和列车相关的收入款项清算至承运企业，和车站有关的款项清算给收费车站，货运其他收入清算转移给收款车站；行包/邮、集装箱、特殊货品运输核查收取的其他运输收入款项，和运输车辆或其他专门器具等相关收入清算转移给承运企业
承运企业支付提供作业服务费按"直管"清算	车站服务费，承运企业向为其货物运输发送、中转、到达作业服务的其他铁路企业支付提供服务费；技术作业费，承运企业向为其提供编解作业服务的路网性、区域性编组站所属铁路企业按货车重车办理辆数分有调、无调作业和规定的清算单价支付服务费；线路使用费，货运线路按货运密度分类，货运线路使用费按不同货运密度线路等级产生的货车总重吨公里和规定的清算单价支付；轮渡服务费，依据货品车辆使用渡轮的里程和标准定价核算付费；机车牵引费，根据机车类型（内燃、货运电力、货运电力）收费，内燃机车牵引费补偿内容包括内燃机车使用费和能耗两部分，电力机车牵引费补偿内容为电力机车使用费；接触网使用费，包括接触网使用费和电费两部分，网费按速度等级和货物类别分别实行统一单价，电费实行分区段单价；车辆使用费，货车使用服务费按货车产生的重车车辆公里和规定的清算单价支付；其他费用，此项服务费主要包括铁路运输公司之间订立合同，依据共同协商明确的工作总量和单价付费
铁路运输保价款项清算	此款项清算缴付给铁路运输保价组织并由其管理

3）构建以作业、机会两大成本为基础的标准系统

铁路货运清算价格应该是调节运输供给和需求的有效手段，能够有效配置铁路运输的运力资源。因此，清算标准是全部清算系统的关键因素，也是铁路货运营业收入配给的基础根据。制定清算标准时应该重点考虑以下三个方面的影响因素。

（1）成本补偿要求。为了维护铁路的网络性生产能力，提供相关运输服务的路局通过清算取得的收入应该能够满足费用支付的需要。应该根据各路局成本的特点、差异和变化情况，适当优化清算单价，实现对所付出成本的合理抵付。

（2）科学配置运力要求。根据各路局运力的现实供求情况，

科学订立其运输服务的机会成本,实现有效配置客货、直管服务的运力。当前清算模式致使路局的货运、直运等业务的盈利导向和全路获利的最大化存在差异,致使运力资源未实现集约运用,因此,需要合理确定路局运输资产的机会成本,采取作业成本与机会成本孰低的原则,确定相应清算标准。

(3) 货运价值要素。当前统一的清算标准无法体现货物运输服务质量和价值的差异。清算标准和运输营收款项需要充分融合,引入市场机制,激励铁路运输企业开展创新市场营运项目,提升市场营运价值创造意识。

4) 成立独立清算机构,提高清算透明度

构建市场化清算体系,关键是要遵循公开、公正、公平的原则,约定参与主体的权利与义务,构建有效的清算保障系统,建立透明度高的信息披露体系。

当前所用的铁路清算系统中,执行资金清算的机构在行政架构上隶属于国铁集团,并肩负预算平衡责任,因此不可避免地存在业务的交叉互补,不利于清算和服务的独立性。可以将此机构独立出来,建立与各局都没有直接关系的清算服务和支持中心,使清算服务真正变成一项企业营运业务,执行多劳多得的营运配给制度,方可切实调动铁路货运企业的运输积极性,提升服务品质,优化营运,使企业积极投身到清算制度的革新工作中去。

所有参与联合业务的企业都应该进入铁路清算体系,并成立专门的清算机构负责清算,与运输企业订立清算合同。铁路清算机构依据运输服务的款项收入核算基本清算数据资料等源头数据,产生精准的清算资料,确保清算系统可靠、安全,所得信息精准、真实,所供应数据完整而且及时。清算机构应该充分披露清算定价机制、定价流程、定价方法及其公允性等。

构建完整数据库,及时完成运输款项核计入账及不同企业清算服务,为运输企业以及相关服务企业提供清晰、完整、精准的清算数据报告。为实现清算的市场化，搭建公平、公正、公开的清算作业和服务平台，各运输企业和其他公司之间的收入清算多数经由清算组织搭建的平台完成。清算组织平台作为市场化的中介服务组织，主要责任是为铁路运输企业提供清算服务，以及相关技术、电商支持。参与清算的所有铁路运输企业必须同时建立与清算系统联网的实时制票和数据传输系统，保证一线数据可以实时流转至清算机构服务中心对应数据库内，同时从法律层面赋予其效力。清算平台定期给所有服务对象企业发送清算报告及有关资料，并把关于清算的全部信息经由计算机网络流转至资金中心，保证铁路运输企业、专运公司所得清算数据信息精准、完备。

确立清算主体机构和参加联运企业的清算责任和义务。对国铁集团、铁路局货票、收入管理组织、统计单位及清算组织，均需确立对应的权责义务，保证清算工作有序开展。强化铁路清算组织以及铁路运输企业内控及监管，对铁路运输企业供应、确认的清算来源资料和清算资本支付的及时性提供有效保证，对货票管控组织、统计单位等加强约束管理，保证其按照规定及时、快速、精准、全面地提供全部所需清算信息。

三、实现信息化管理，加强大数据分析

一方面，货运业务应尽快运用企业资源计划（ERP 系统）实现货运业务全过程信息化。这有利于实现运输进款的自动化控制，缩减清算流程，提升清算的准确性和效率，促进会计核算的及时和完整。另一方面，应充分利用大数据和云计算，综合考量多种要素，增强货运清算系统数据分析和复核功能，精准解析收入清算情况，提高清算价格的科学性、公允性。对铁路货运收入清算结果产生影响的要素极多，并且其中很多要素可能不断改变，所以，铁路企业应该充分考量各种可能发生变动的影响因素，精准审核、剖析收入清算相关数据，继而

保证铁路货运收入清算的精准程度，更好满足市场营销决策的需要。

第四节　本章小结

目前，在我国铁路运输业高度集中管理的模式下，铁路货物运输主要执行"运价统一、一次收费、一票抵达"的形式。国内当前执行的清算制度实施了统一收取并分配的模式，也就是各铁路局把所有收入统一缴付给国铁集团，由清算中心根据货品周转总量订立标准单价，再依据各局单独执行完毕的管内周转货运总量，将单价和总量乘积所得结果作为清算额。现行货运清算办法存在市场化理念欠缺，没有区分公益性和经营性业务，对运输市场、运输品种、运输主体个体差异考虑不足，清算程序复杂，交叉补贴现象等方面的问题。因此，当前货运清算收入的确认与计量无法合理地反映货运市场价值，背离价值流，从而影响了货运收入的真实性、相关性和公允性。

针对上述问题，本书认为铁路运输企业优化货运清算收入会计信息质量的路径是：立足市场，进行货运定价；转变清算理念，构建市场化清算体系；实现货运业务信息化管理，加强大数据分析。铁路货运要区分公益性运输与经营性运输清算类型，对于经营性运输清算主要是以铁路运输企业为主体，依据运输收入源于市场、提供服务合理补偿、清算透明公正的基本原则。清算标准除了需要考虑线路等多项设备设施的级别标准，还需考虑货运价值要素，构建以作业、机会两大成本为基础的标准系统。成立独立的清算机构和服务平台，实现清算流程的信息化，提升会计信息的及时性和真实性。

第八章

运输成本的会计信息质量优化研究

第一节　铁路运输成本类型与会计核算

一、铁路运输的范围、内容及分类

铁路运输成本，是指企业为运输旅客、货物、行李包裹及提供物流辅助服务发生的直接耗费。费用，是指企业一定期间组织运输生产经营管理活动所发生的间接耗费。铁路运输成本费用是反映生产经营活动的综合指标，是制定运输价格、营销政策和投资决策、财务清算的重要依据。

铁路运输生产经营过程中发生的各种耗费，按其经济用途划分为主营业务成本、期间费用（包括销售费用、管理费用、财务费用）、资产减值损失和营业外支出等。其中，主营业务成本是企业运输生产过程（包括两端接取送达、发到站作业和中间运输

等过程）中发生的与运输生产有关的各项耗费。

二、成本费用的核算与管理模式

1）成本费用的核算与计算

铁路企业成本费用采用权责发生制并实行分类核算。主营业务成本分类为旅客运输成本、货物运输成本、行包运输成本、基础设施成本、其他成本五类。各项成本费用能够直接归属到相应主营业务成本类别的，全额列入该类成本；不能直接归属成本类别的，按照规定的工作量指标分配列入相应类别成本。主营业务成本中的不同专业站段支出也采取分类核算，具体如表8−1所示。

表8−1　专业站段主营业务成本分类核算

专业类型	分类方法
工务	分运行区间、编组站、非编组站核算
电务	分运行区间、编组站、非编组站核算
供电	电气化铁路分运行区间核算
机务	机车折旧、中修、大修支出分机型核算
车辆	客车折旧、段修、大修支出分车型核算；货车折旧、段修、大修支出分车种核算
动车组	折旧、三级以上修理分车型核算

为满足铁路运输企业财务分析、财务清算和经营决策的需要，需要在成本核算的基础上，采用直接分配法、直接分析法、作业成本法、工程模型法等方法，将一定时期的成本费用归集到不同的计算对象。目前，铁路企业根据经营管理的需要，主要计算客运总支出、货运总支出、单位旅客运输成本、单位货物运输成本、分线成本、区域平均成本等。

2）成本费用的管理模式

铁路运输成本费用管理实行集中统一与分级管理相结合的模式。企业是成本费用管理控制主体，基层站段是成本中心，各级责任主体、各部门要按照分工履行成本管理职责。具体管理模式如表8－2所示。

表8－2　成本费用的管理模式

管理单位	管理职责	具体内容
国铁集团	负责铁路运输成本费用的综合管理	优化改进影响成本支出的各项规章制度；监督检查企业成本费用管理与核算情况；审核所属企业的铁路运输成本费用预算编制情况，监督、检查、考核企业预算执行情况等
铁路局	负责制定各项实物消耗定额和成本费用定额及标准	根据总公司审核确认的企业经营目标，编制企业成本费用预算，分解下达成本费用预算，监督、检查、考核所属单位和部门的成本费用预算执行情况等
基层站段	是成本费用预算执行与控制的主体	建立以成本费用控制为核心的经济核算体系和相应的站段、车间、班组经济责任制；向企业提报成本、费用预算建议，将企业下达的成本费用预算分解落实到各部门、车间、班组、科目负责人，监督、检查、考核预算执行情况；加强车间、班组核算，车间应设专（兼）职核算员，班组应设兼职核算员，保证反映及时、核算准确；加强成本管理基础工作，健全各项原始记录、成本费用有关台账等

预算管理是铁路运输成本费用管理的主要手段，是实现企业经营目标的重要保证。通过成本费用预算的编制、下达、执行、控制、考核和评价，实现对成本费用全员全过程的管理和控制。

第二节 运输成本清算规程－确认与计量－ 铁路会计信息质量：传导与评价

一、运输成本清算规程－确认与计量－铁路会计 信息质量：传导

1）现行成本计算方法对成本信息质量传导机制

铁路运输需要进行大量固定资产投入（包括新建或购置的投资和运营时的养护维护等），如线路、枢纽、机车、车辆等。因此，固定资产的折旧费和修理费是运输成本中占比最多的费用。除了高速铁路以外，我国普速铁路的客货运输是兼营的。因此，固定资产折旧费和维修费属于共同成本，类似于一种间接费用，需要在不同时期、不同运输产品对象间进行分配。如要计算每一运输对象所耗费的固定资产有关成本，首先就涉及共同成本按什么标准在不同的运输对象间进行分配的问题。此外，在核算中存在大量的不能直接认定为客运成本或货运成本的客货运混合成本。例如，车站的运转作业、调车作业是为客货运共同服务的；管理费用、财务费用及营业外收支也需要进行分配。

铁路运输企业现行的成本计算主要是以客运、货运周转量和换算周转量作为铁路运输最终产品，计量运输生产产出量，定期进行财务成本计算，计算客运、货运平均成本。非定期成本计算是指为解决某些特定的任务而进行的成本计算，一般采用平均总

重吨公里法、支出率法①等计算货运分品类和客运分席别的平均成本。这些方法存在费用分摊过于简单、粗放，计量指标不够全面、客观，不好操作，计量精度低等方面的问题，不能真实反映不同类型运输生产活动资源的实际消耗情况，难以满足精细化管理的需要。

此外，铁路运输生产占用大量的线路、机车、车辆、房屋、材料和燃料资产，形成数额巨大的资本成本。现有的成本核算和业绩评价系统未计算资本成本，因此，没有实现全成本计算，无法有效评价铁路运输企业的价值创造能力。

2）铁路固定资产折旧政策对成本信息质量的传导机制

根据《铁路运输企业固定资产的管理办法》，固定资产一般使用年限平均法计提折旧，固定资产的种类界定、折旧率、折旧年限和预估净残值也按照规则分类。在过去技术发展较慢的环境下，上述操作方法比较适用，能够有效地管理固定资产。随着该行业经济技术的不断发展，铁路运作效率有了很大程度的提高，伴随着资产消耗的增加，造成了目前铁路运输企业固定资产的折旧政策与铁路发展趋势的严重不匹配。例如：第一，我国目前已经进入了设备更新频繁的高铁时代，新形式下的铁路运输行业对各类基础设备的折旧率和折旧年限提出了新的需求。特别是信息技术设备，有的设备基本上还没使用到规定的报废年限就已经不能够再为生产经营提供服务，因为规定折旧年限长于实际使用年限的原因，企业没有准备充足的资金去及时购买替代的设备，从而限制了企业的生产经营；第二，客流量和货流量较大的线路，资产损耗明显高于偏远地区，如果仍然按照单一的平均年限法对固定资产计提折旧而不对折旧额进行相关的调整，则根本不能确切地反映每一年度企业的实际资产损耗，从而影响会计信息的真

---

① 支出率法是根据在运输过程中消耗的运营指标数和该指标的支出费率来计算运输成本。

实性。

3）预算管理对运输成本信息质量的传导机制

预算管理是企业内部重要的激励和约束机制。有效的预算管理会激励企业和员工开源节流，通过生产流程、技术和管理的改进，不断降低成本，增加企业价值，提高经济效率和效益。在这样的激励约束机制下，企业和员工希望通过真实、相关的会计信息来反映自身的价值贡献。然而，当前的预算管理作为管理契约仍然存在诸多不完备的问题。例如，增量预算带来的"鞭打快牛"、预算编制与实际的脱离、成本控制压力过大、预算考核体系不完善等问题，会导致作为企业内部重要契约的预算管理成为会计造假或盈余管理的激励动因和风险因素，从而引起会计信息失真。目前，铁路企业采取控制型预算管理，只有预算内的成本才能据实进行财务清算，预算成为企业内部刚性的评价标准，会计信息必然反映预算标准，与预算高度一致。因此，上述种种因素会导致预算编制过程中不科学、不真实、松弛等问题，加上预算考核过于简单化，进而会导致在预算执行过程中相关部门运用交易管理和报表管理两种盈余管理手段，按照预算标准管理会计数字，从而使得会计信息失真，不能反映企业的基本面。预算的全员参与不够，也会影响预算指标和会计信息的可靠性。

运输总成本是铁路运输企业考核的一项重要指标，其中比重最大的主营业务成本是作为成本中心的各基层站段的压力来源。其中，维修费用和折旧费用是占比比较多的成本支出。铁路列车运行呈现高速、重载、高密度的特点，对设备质量的要求很高。然而，现有的成本预算更多是满足汇总财务决算及成本总量的控制需要，忽视了在成本控制下的维修作业过程属性与不同环境、不同条件下成本的消耗差异。随着压缩成本压力的不断增大，基于往年预算的成本支出预算不断缩减，而随着物价、人工、煤油水电等各方面成本的不断上涨，分劈下来的预算基数远远满足不了生产需要，预算与实际支出形成的巨大缺口使得增量预算的预算分劈方式失去了意义。现行的维修成本计划很难反映设备维护的需要。出现了成本预算在执行过程中在项目之间随意更改，相互挤占的问题。另外，有些单位在指标制定过程中，只注重向先进看齐，没有从实际出发，没有实事求是，忽视了现有的管理设备、技术、人员素质等实际水平，使指标的可比性大大降低，挫伤了指标执行者的积极性，容易滋生会计舞弊行为。同时在成本压力小的年度，站段也可能为了减轻来年的压力，虚列本年成本支出。因此，站段有着调节运输总成本的动机，从而加大了会计信息失真的风险。主要的表现形式如下。

（1）旧轨料、生产退料不作入账处理，不冲减主营业务成本。有的站段会将应冲减机车、检修成本和运用成本的生产退料列在应付款项内，调节运输成本。

（2）混淆其他业务和主营业务。因为运输总成本中并不包括其他业务成本，故有时站段会人为混淆二者的界限，调节运输成本。如少计或不计流转税费而将销售收入不做其他业务核算；为调节成本而将应列入运输成本的支出列入其他业务支出或将其他业务支出挤占主营业务成本；采取将应付款项挂账或直接将其他业务收入转至多经企业或账外处理。有的将收入纳入其他业务核算，而折旧、材料等主要支出列入主营业务成本，从而挤占运营成本调节利润。

（3）虚列应付账款。利用虚假发票、虚假合同等随意结转，不但成本、费用不实，而且负债也没有真正意义上的债主，成为企业调节经营结果的蓄水池。

（4）成本预算在执行过程中在项目之间随意更改。

以客货车厂修为例，各局厂修车辆由承修单位完成后，承修单位将经验收合格的厂修资料及发票寄给国铁集团，国铁集团转给相关路局进行确认，确认无误后由国铁集团统一支付厂修款，相应成本及债务由相关路局财务处下转到车辆段列入成本列账。在每年制定预算的过程中，业务部门只考虑今年上报多少台车、什么型号客车大修，上级部门批准后随意变更大修车型车号，业务部门通知车辆段送厂修，造成财务工作与业务工作的脱节，会计信息失真。

二、铁路运输成本会计信息质量评价

铁路运输企业以预算管理为手段，实行严格的成本控制和管理，这在一定程度上确保了成本会计信息的可靠性。但是，铁路运输成本计算主要是以运输产品为成本计算对象的财务成本，铁路运输成本中大量的间接费用分配标准过于简单，缺乏作业成本计算，难以满足内部精细化管理的需要。维修成本的分摊和折旧的计提都存在一定的会计核算问题，影响了会计信息的真实性和相关性。另外，刚性的预算管理也诱发了基层单位调节成本的盈余管理行为。

第三节　铁路运输成本会计信息
质量改进路径

铁路运输快速发展的同时，也面临着强大的公路和航空的竞争压力。在铁路运输企业市场化改革的背景下，铁路运输必须不断增强竞争能力。竞争和发展要求铁路运输企业对运输成本有科学的管理和客观准确的认识。科学清晰地分配间接成本，压缩非增值作业，实现科学的成本管理控制机制，对各个运输部门实现有效的绩效考核，为铁路运输各项经营决策提供依据。综上所述，对铁路运输采用一个科学合理的成本核算和管理控制机制就显得很有必要，这有利于提高铁路运输成本信息质量，从而更好地服务于企业管理决策。

一、运用作业成本法精细化核算成本

铁路运输成本计算方法主要采取的是传统成本法，即按照运输产品品种、批次进行成本计算，间接费用采取一次分配的方法。随着铁路科技的发展，运输产品类型的增加，传统成本法无法实现大量的、复杂的间接费用的合理分配。作业成本法（activity-based costing，ABC）则是按照作业环节来进行成本归集、核算和计算，进而将各作业成本分配给产品或服务。"成本对象消耗作业，作业消耗资源"表明了作业成本法下"资源－作业－产品"的成本计算逻辑。它与传统成本法的区别和相比较的优势详见表8－3。

表8－3 作业成本法与传统成本法的比较

项目	作业成本法	传统成本法
成本核算对象	首先是作业，再计算产出成本	产品
成本核算程序	先确认作业成本，然后以成本动因追溯	间接生产成本通过唯一分配率一步分配到产品
成本分配程序	依据因果关系	忽视因果关系
成本核算范围	建立产出层次、作业层次、动因层次的三维成本模式，能够提供形成产出的过程信息，帮助企业管理当局作出改善作业和经营过程的决策	产品成本，容易造成成本信息扭曲
间接费用分配标准	承认多个成本动因，对不同的间接费用采用不同的动因进行分配	工时或机器小时等，只用一种分配方式
提供的信息	除了更准确的成本信息，还提供了作业及资源的成本及业绩信息，准确地将成本追溯至成本对象，为企业各项决策提供有用信息	除了可以提供产品成本信息外，不能提供其他信息

铁路运输生产循环一般是发送、运行、中转和到达四个程序，各个流程又由若干作业组成。例如，货运服务需要完成货物的承运、装卸车、装载加固，以及车辆的编组连挂、货运列车运转指挥等作业。随着铁路技术的不断进步，铁路设备类型越来越多，维修过程也越来越复杂。以铁路货车维修为例，货车维修分为日常临时修理和定期修理。其中，定期修理包括厂修和段修两种类型。日常临时修理、厂修和段修的检修标准、作业过程有很大差别。其中，厂修和段修比较复杂。货车段修包括车体、底架、空气制动、转向架、制动梁、钩缓装置、轮对、轴承等部位的检修。维修类型多，车种也多。传统成本计算方法已不能合理地将维修的间接费用（包括维修人员工资、车间折旧费、管理费等）在各产品之间进行分配。

因此，采用作业成本法，按照作业而不是部门或产品建立成本中心，直接成本和间接费用被同等对待，不同作业运用不同的分配标准，拓宽了成本的计算范围，可以科学准确地反映单位产品和间接费用之间的因果关系，能够深入分析成本费用的变动原因，便于进行成本控制和战略决策。作业成本法对所有与产品相关的作业活动进行了追踪分析，有利于消除"不增值作业"，改进"增值作业"，优化铁路运输价值链，从而提升企业价值和绩效。

二、更新固定资产折旧政策

铁路运输企业应该按照实际情况来灵活确定相应固定资产的预计可使用年限，不能单一地依据国家规定的各类固定资产的年限来计提折旧。例如，随着我国科研能力的逐年增强，我国机车车辆使用寿命都在 20 年以上，再加上日常维护，报废年限也大大延长，这时国家制度规定的 16 年已经远远不能满足实际情况，企业可以相应地将机车车辆预计可使用年限调整为 22 年；当前的仪器仪表的预计可使用年限为 8 年，但是随着科技的进步，仪器仪表一般在 5 年左右就会面临淘汰，所以企业可以相应地将仪器仪表的预计可使用年限调整为 5 年。

从表 8 - 4 中广深铁路线路资产情况可以看出，预计使用年限的改变对于折旧费用还是有一定程度的影响的，所以要根据实际情况来对预计使用年限进行调整。广深铁路对固定资产的预计可使用年限做出了规定：预计可使用年限于每年年终时进行复核并做出适当调整，对于线路资产的预计可使用年限，管理层应参考同行业的指标，考虑资产的耐久性、过往维修保养的情况以及更换成本的发生趋势来进行调整。

表 8 - 4　广深铁路线路资产预计可使用年限变化的影响

	2012 年	2013 年	2014 年	2015 年
预计可使用年限延长 10% 折旧费用减少	18 524	18 502	19 149	19 362
预计可使用年限缩短 10% 折旧费用增加	22 640	22 613	23 4040	23 665

根据技术进步情况灵活选择固定资产折旧方法。铁路运输企业一般采用平均年限法对上一年的固定资产进行累计折旧，计提折旧额后计算出当年固定资产价值。对于使用程度大、磨损多的固定资产可以采用工作量法计提折旧；对于受技术进步影响较大的资产，应该考虑其无形磨损情况允许加速折旧。

三、改进预算管理，抑制成本操纵

1）对铁路局预算管理由集权向适度分权模式转变

随着铁路企业市场化改革的进一步深入，铁路局成为独立市场主体是大势所趋。过去国铁集团对于铁路局"一刀切"和侧重于"自上而下"的集权型预算管理模式弊端已现，这种带有明显行政干预色彩的计划指令已经与现代铁路企业发展要求相龃龉，严重影响了企业经济活动的效率和效果，也使得企业会计信息质量严重受损。因此，国铁集团对于铁路局的预算管理应该从集权型预算管理向分权型预算管理模式转变。

在集权型的预算管理模式下，预算由国铁集团按照总体管理需要，以历史数据为依托，结合国家政策、技术进步、增效措施和所处市场环境等而确定，铁路局管理者和员工只是预算执行的主体。在预算管理的过程上，预算编制多采用自上而下的方式，预算目标自上而下逐层分解为各下属各单位的子目标；在预算的执行与控制上，国铁集团一般强调对铁路局具体过程的监控。集权型预算管理模式不利于发挥预算执行主体的主观能动性，而且集权型的预算管理模式本身带有随意性，这使得预算执行主体在执行预算的过程中为了满足预算约束而违背市场经济规律，造成了未来预算更加偏离实际的后果。而分权型的预算管理模式赋予了铁路局这一市场经济主体充分的权利，能够调动其积极性，预算编制多采用自下而上的方式，下属各单位向上级报告实施或落实其责任的全部计划，其预算目标要符合自身的经营战略，企业最高层对预算不必形成统一的指导意见；在预算执行与控制上，以不损害各下属单位独立财务动作为前提，企业高层管理者的过程控制力度较小，过程指标相对较粗，仅起参考作用；在预算考核上，国铁集团可以主要采用投资收益率等关键指标对下属单位的预算执行结果进行严格的考评。这种模式有利于提高铁路局的主动性，使得铁路企业预算编制更加贴近实际，会计指标更加真实、可靠。

从铁路局内部来看，一方面，各站段之间业务关联度大，需要保持良好的协作关系；另一方面，在铁路撤销分局后，委托代理层次减少，铁路局组织结构更加扁平化，各站段经营管理自主权得到提升，企业内部与外部的信息交换依靠企业所有员工，铁路局预算管理也需要全员参与。因此，铁路局内部的预算管理模式，或者说对站段的预算管理模式应该在高度集权管理的基础上，以整个铁路局的战略经营目标为核心，将预算的重大决策权集中于铁路局预算管理委员会的同时，考虑各站段的自主性赋予一定的自主经营权和预算的其他决策权，给予适当的发挥空间；在保证企业总目标实现的基础上，有利于调动上下各方的积极性，有效地发挥预算管理的规划和控制功能。

2）采用真实诱导预算法编制预算，提高预算管理效果

真实诱导预算法的实质是一种"讲真话"的机制，是预算编制主体与各个责任单位的不完全信息博弈。高层管理者要避开信息劣势，将精力放在制定和改善预算目标与激励规则上，改变在预算管理中所处的被动地位，以提高预算编制和预算目标确定的真实性和可信性。

以产出为例，真实诱导报酬方案的具体形式为：

$$Y = \begin{cases} \alpha(N_0 - N_1) + \beta(N - N_0) & N > N_0 \\ M + \alpha(N_0 - N_1) + \gamma(N - N_0) & N < N_0 \end{cases}$$

其中：Y 为预算下级所得报酬，M 为底薪，N 为下级实际完成工作量，N_0 为预算下级自报的预算，N_1 为上级提出的预算建议数，α 为预算指标的薪酬系数，β 为超额完成预算指标奖励薪酬系数，γ 为未完成预算指标惩罚系数，且 $0 < \beta < \alpha < \gamma$。

首先，下属部门增加自报预算目标 N_0 将一定增加报酬 αN_0，这个因素促使下属部门公布较高的预算产出水平；如果实际产出水平 N 高于预算目标 N_0，则付给下属部门额外的奖励 β（$N - N_0$），这个奖金的组成促使下级组织在预算设定后努力超过预算目标；如果实际 N 低于预算 N_0，则会从奖金中扣除 γ（$N - N_0$）作为惩罚。

在这一过程中，如果下级因为降低自身经营管理效率而选

择增加 N_0，则面临着实际完成工作量的约束，如果虚报 N_0 就有可能受到惩罚系数的限制；如果下级单位的管理者为了达到自身业绩标准而降低 N_0，那么薪酬系数就会迫使其提高自身预算水平。因此，下级单位只有根据自身实际运营状况和历史数据编制预算数据，才能实现收益最大化。

3）综合考虑多种因素，运用多种模式编制预算

为了促进铁路运输企业的可持续发展，要充分考虑运输设备的等级、运输周转量、设备技术含量、不同地理条件等各种因素的影响，制定运输设备维修和车辆运行成本预算价格，使得成本预算在实现一定控制目的的同时，更加符合实际业务的需要，确保资产的使用性能，防范成本的挤占和调节引起的成本会计信息失真。

与此同时，不同职能部门编制预算的方法不是一成不变的，而是需要根据不同的岗位和不同的性质，灵活地采取相应的编制方法。企业应根据具体情况，在完善增量预算编制方法的基础上，在兼顾效率与效果的前提下，综合应用增量预算、杠杆预算、零基预算等多种预算方法。

（1）收入中心采用增量预算法。

收入中心是为企业创造收入的部门，企业要发展壮大，收入必须逐年递增。而且这一预算方法符合我国铁路运输企业的发展实际。我国铁路运输仍处于"供不应求"的非饱和市场状态，整个行业仍有相当大的发展空间。增量预算法是以基期的数据为起点，综合考量各种影响预算的因素并相应增加预算额度的一种预算方法。

（2）成本中心采用减量预算法。

铁路各个站段都是成本中心。各个站段消耗人工和材料，完成生产过程，生产过程中物料的耗费构成了产品的直接成本。成本中心对运输成本的控制直接决定了铁路企业的盈利能力和市场

竞争力。

减量预算法是运用杠杆把成本中心的各项可控成本逐渐降低，直至达到一个合理的水平。一般由采购部门首先提出预算期的采购计划，然后预算审核部门通过市场调研、行业比较等对采购部门提出适当的降低采购价格的指标。核定成本指标应以市场可实现的价格为出发点，据此倒推企业应达到的成本水平。所提出的价格指标可按照实现的难易程度分为保底目标、进取目标和挑战目标。保底目标是必须完成的，进取目标是通过一定的努力能够实现的，而挑战目标则是一个理论上可以达到的高度。其计算公式如表8-5所示。

表8-5 杠杆预算成本目标公示

目标类型	计算公式
保底目标	保底目标 =（本年预算保底价格 - 考核基准价）×采购预算量
进取目标	进取目标 =（本年预算进取价格 - 考核基准价）×采购预算量
挑战目标	挑战目标 =（本年预算挑战价格 - 考核基准价）×采购预算量

（3）费用中心采用零基预算法。

费用中心是指企业在辅助性生产活动和管理活动中费用发生开支的主要部门，包括行政部门、财务部门等。零基预算法是指所有的编制基础都从零开始，不考虑以前期间的数据的一种预算编制方法，主要适用于对费用的控制，如水电消耗、修理费用、折旧费用等大额费用以及资本支出的预算。

这种预算方法可以调动部门所有人员降低费用的积极性和创造性，不受已有费用项目和开支水平的限制，使企业的资源配置趋向于最优，有助于企业的发展。

建立基于定期风险评估的预算调整机制，克服因为市场和经营风险带来的预算无法实现所产生的会计信息失真。近年来，由于国际金融危机导致的经济动荡，加大了铁路运输企业生产经营的市场风险，增加了原材料成本控制难度和项目投资的风险，企业需要建立定期和及时的风险评估机制，并根据市场和经营风险，合理调整预算，使得预算更加贴近实际，从而更好地发挥预算控制和激励的作用，这有利于从根本上解决铁路运输企业会计信息失真的问题。

4）加强成本管理的内部控制

要求各站段要根据本单位本年各项成本的实际发生情况，与财务进行核定后，分科目上报下一年成本建议计划统计表。统计表必须由各单位成本统计人员与财务主管人员核对无误，签字确认。真正做到"权责统一""权责对等"。

铁路局按照上表汇总整理后，就能得到各单位分科目的成本建议计划。铁路局预算处根据本年实际各项成本费用汇总值，并考虑下一年节约指标，分科目（直接生产费、间接生产费、其他业务支出）对下一年计划进行编制，与财务处进行核对后下达，真正做到计划指标与财务成本相互匹配，避免业务部门在指标下达后更改用途，造成会计信息失真的现象。

企业应当明确规定成本费用管理部门和岗位的职责权限，确保办理成本费用的不相容岗位完全分离，以便相互制约和监督。成本费用部业务不相容岗位至少包括：成本费用定额、预算的编制和审批；成本费用支出与审批；成本费用支出与相关会计记录。

针对基层站段混淆主营业务与其他业务，借以调节运输总成本的现象，会计部门应分设主营业务与其他业务的成本核算岗，形成内部牵制，在重要人员离任时要进行离任审计和审查，同一岗位人员应当定期调岗，避免同一人员长期负责同一业务。

5）变分级会计核算为会计集中核算与分级核算相结合

会计集中核算有利于降低预算管理的信息不对称问题，从而促进会计信息质量的提升，具体论述见第九章政策建议部分内容。

第四节　本章小结

　　铁路运输企业以预算管理为手段，实行严格的成本控制和管理，这在一定程度上确保了成本会计信息的可靠性。但是，铁路运输主要是以运输产品为成本计算对象的财务成本，铁路运输成本中大量的间接费用分配标准过于简单，缺乏作业成本计算，难以满足内部精细化管理的需要。折旧的计提也存在一定的会计核算问题，影响了会计信息的真实性和相关性。另外，刚性的、以满足财务决算为目的的预算管理也诱发了基层单位调节成本的盈余管理行为，成本核算体系无法真实反映生产消费的实际水平，扭曲了运输生产要素流－价值流－信息流。因此，加强成本核算和管理的质量，建立作业成本核算体系，采用灵活的预算管理模式，有利于提升铁路运输会计信息质量。

第九章

结论与建议

第一节　结　论

本书以铁路"资源流－价值流"为基础，结合铁路产业基本属性和生产流程分析，以铁路运输会计信息生成过程为主线，按照铁路"产业属性－资源价值流－会计信息质量"的逻辑思路，采用铁路生产和工艺流程为基础的研究方法，对铁路会计信息质量"资源流－价值流"形成机理、固有属性与非固有属性对铁路会计信息质量的传导机制，以及铁路运输会计信息质量优化路径展开系统性研究，并针对铁路关联交易、专用性资产、货运收入清算、运输成本清算这四个重点领域展开研究，得到的主要结论如下：

（1）铁路产业特征对铁路会计信息质量的受托责任和决策有用产生重大影响。铁路产业具有固有属性和非固有属性两个方面的技术经济特征，其中，固有属性包括网络经济性（规模经济和范围经济）、资产专用性、公益性、自然垄断性等方面，非固有属性包括调度指挥集中统一、财务清算、会计分级核算、预算管理等方面。铁路产业属性深刻影响了铁路会计信息产生的制度环境和会计规程,从而形成对铁路会计信息质量的系统性和局部性影响。特别地,我国铁路产业集中调度指挥和按照铁路行业特有会计规则核算的成本收入清算体系对会计信息质量产生了重大影响。

(2)构建了铁路"产业属性-资源价值流-会计信息质量"机理分析系统,建立了铁路"资源流-价值流"的铁路价值流形成机制、铁路"资源价值流-会计信息质量"会计信息生成机制和信息流的传导机制、铁路"产业属性-会计信息质量"的决定机制。立足铁路运输生产和工艺流程,分析了铁路行业公益性、大管理跨度和复杂生产过程、行业统一的会计制度、铁路管理体制机制对会计信息质量的影响与作用。

(3)铁路会计信息质量优化路径包括:建立铁路生产要素交易市场(价格发现市场),设置专用资产交易市场;完善铁路会计标准、会计规程和会计操作规范;优化会计确认、计量和报告各环节;有效加强控制环境、风险评估、控制活动、信息和沟通、监控等内控要素;采用云计算、大数据和信息系统等会计技术等,从而提高铁路会计信息的真实性、相关性、可比性、谨慎性、透明度等会计信息质量特征。

(4)针对铁路关联交易、专用性资产、货运收入清算、运输成本清算这四个重点领域的研究表明,铁路网络性基础产业的固有属性是影响铁路关联交易、专用性资产、货运收入和运输成本清算会计信息质量的根本原因。为提高铁路会计信息质量,要重点解决如下问题:委托运营模式下关联交易定价不合理、信息披露不透明等;专用性资产估值难、无形资产确认不充分等;货运清算收入清算单价不合理;成本核算比较粗放、预算管理下盈余管理等。

本书建立了铁路"产业属性-资源价值流-会计信息质量"

机理系统，探究了基于铁路产业属性和生产工程流程的会计信息质量传导机制与优化路径，评价了我国铁路会计信息质量水平，为改善我国铁路产业会计信息质量理论和实际操作体系提供了新的视角，为我国铁路产业改革和国家战略实施提供了理论支持。

第二节　政　策　建　议

一、加强社会价值核算，构建综合报告

随着企业社会责任理论和利益相关者理论的发展，企业价值观念正在从经济价值观向社会价值观转变。社会价值观认为企业价值是企业为所有利益相关者创造的价值之和。经济功能是企业社会责任的基础。随着环境会计、社会责任会计的发展，会计作为企业价值核算与管理的系统，也在不断拓展价值内涵和核算对象，从财务价值向社会价值的确认、计量与报告发展。因此，基于可持续发展的观念，会计需要反映企业可持续价值创造的能力。

铁路运输业既是社会经济发展的基础性产业，也是连接各产业的桥梁，为社会经济快速增长做出了巨大贡献。同时铁路运输还具有很强的公益性特征。这体现为铁路运输服务的定价应让大部分的用户能用得起；大规模的铁路运输基础设施建设带动边远地区和贫困地区的经济发展，维护国家的安全；作为轨道交通，铁路的特点有运力大、污染小、安全性好、能耗低等优点，很多方面都比其他运输方式有优势。我国铁路运输健康、稳定、持续的发展对整个交通运输行业乃至整个社会经济的健康、持续性发展都有着决定性的影响。

现行企业会计局限于货币计量，主要计量基础仍然是历史成本，因此，存在重成本、轻价值，面向过去而不是未来，无法反映社会绩效等缺陷。对于铁路运输兼有公益性和经营性特征的行业来说，现行铁路运输企业会计价值的确认、计量和信息披露严重不足，尤其是社会价值的信息含量不足，无法公允地评价企业绩效和企业价值，需要借鉴国内外有关企业环境会计、社会责任会计的理论和实践成果，全面进行铁路运输企业价值核算，并编制和披露铁路运输企业综合报告。

进入 21 世纪以来，在财务报告以外，可持续发展报告、智力资本报告等多种报告产生时即面临各种类型报告的整合问题。综合报告的实践始于 2002 年，丹麦的诺维信公司开始首次编制综合报告。公司认为可持续性是企业应该认真对待的事情，由于受到来自外部利益相关者的巨大压力，企业需要在环境或社会影响信息披露方面变得更加透明。综合报告在 2005 年 6 月首次在理论上被公开提出，它被认为是企业报告的未来。2010 年 8 月 2 日，国际综合报告委员会（IIRC）宣布成立，其使命是制定全球接受的综合报告框架，将财务、环境、社会和治理信息以明确、简洁、一致和可比的格式综合起来，以便了解组织的真实运行状况。

铁路运输企业可以借鉴《国际综合报告框架》设计适合铁路运输企业综合报告的模式，采取自愿性披露方式，向所有的利益相关者披露铁路运输企业在一定环境下是如何创造经济价值、环境价值和社会价值的。IIRC 的《国际综合报告框架》发布了 7 项指导原则和 8 项内容元素，倡导按照注重战略和面向未来、信息连通性、利益相关者关系、重要性、简练、可靠性和完整性、一致性和可比性的原则，着手形成综合报告的如下框架：机构、概述和外部环境、治理、商业模式、风险和机遇、战略和资源配置、绩效、前景展望、编制和列报基础。

铁路运输企业在综合报告中需要深入说明本企业的战略，阐明这一战略如何与本企业在短期、中期和长期的价值创造能力相关，以及如何与资本使用情况及对资本的影响相关，与此同时，清晰阐明重要资本的持续可获得性、质量和价格可承受性如何帮助本企业提高其在未来实现战略目标的能力和价值创造能力。

综合报告"采用信息连通性原则"反映那些对企业价值创造能力产生重大影响的各个要素之间的组合、相互关联性和依赖关系的全貌。重视内容元素、历史现在和未来、六大类资本（财务资本、制造资本、智力资本、社会关系资本、人力资本、自然资本）、财务信息和其他信息、定量和定性信息、董事会信息和对外报告信息之间的连通性。

综合报告应该披露本企业战略目标的实现程度，本企业在对财务资本、制造资本、智力资本、社会关系资本、人力资本、自然资本的影响方面取得了哪些成果，包括定性和定量信息，正面和负面信息。还要在展望中给出未来可能遇到的挑战和不确定性及其对企业商业模式和未来绩效的潜在影响。企业需要在综合报告中阐明财务绩效与其他资本绩效之间的关联性。关键绩效指标体系应当能够力图全面地展现本企业过去、现在和未来的可持续价值，呈现财务、社会和环境方面的整合价值信息，让利益相关者根据自身需要来评价企业的可持续价值，是企业综合报告决策有用性的最好体现。

二、提升财务分析质量

在提升会计信息质量的同时，为了更好满足管理者的决策需要，需要改进铁路运输财务分析质量，提高会计信息的使用效率和效益。

1）加强会计报表项目质量分析

除了传统财务分析中的盈利能力、偿债能力、营运能力分析以及财务综合分析法，可以采用会计报表项目分析法对企业财务状况和财务状况的变动进行深层次分析。项目分析一般通过对铁路运输企业会计报表的各组成项目金额、性质以及状态的分析，找出重大项目和异动项目，还原铁路运输企业对应的实际经营活动和理财活动，并根据报表中各项目自身特征和管理要求，在结合企业具体经营环境和经营战略的基础上对各项目的具体质量进行评价，进而对企业整体财务状况质量做出判断。项目分析包括资产质量分析、资本结构质量分析、利润质量分析以及现金流量质量分析等，最终上升到财务状况整体质量分析。

资产是铁路运输企业生存和发展的物资技术基础，是影响企业盈利能力和可持续发展能力的重要因素。铁路运输企业资产规模大、类型多、管理难度大，加强资产的质量和结构分析有利于盘活铁路运输资产，提升资源配置效率和效益。在铁路快速发展的过程中，技术水平在不断提升，运输组织不断变化，铁路运输设备和物资材料数量不断增加，流动更加频繁，更新速度更快。因此，借助资产及其减值信息，对有形和无形资产的盈利能力、变现能力和周转能力等方面进行分析，加强研发投入的产出成果效率和效益分析，会促进资产管理的改进。

铁路运输企业资金来源主要是国家投资、社会投资和银行借款。前两个方面属于所有者权益，银行借款是企业的负债。负债与所有者权益的风险不同，资本成本也不同。因此，进行资本结构质量的分析有利于降低企业融资成本，控制融资风险，有利于企业长期发展。由于资金的用途决定筹资渠道，因此，企业资本来源的期限构成需要与企业资产结构匹配，资本成本的水平也应该低于企业资产报酬率。此外，企业在运用财务杠杆工具的时候要兼顾当前财务风险与未来发展的融资需求，避免无法偿还到期债务的本金和利息而侵害债权人的权益。铁路运输企业引入社会资本时也需要加强股权结构的分析，关注是谁在控制着企业，有没有能力将企业引向光明的未来。企业是否形成良好的治理关系和治理结构。

铁路运输企业属于经营活动主导型的盈利模式，即以经营活动为内容，以消耗经营资产为基础，以产生核心利润和经营活动引起的现金净流量为主要业绩表现。因此，需要对企业的核心利润形成过程、结构和质量进行深入分析，从而不断挖掘提升收入、降低成本的潜力。铁路运输企业规模庞大、运输单位分布空间范围大，运输收入及资金的集中难度大，成本的发生和标准的制定较为复杂，从收入和成本形成过程和结构进行分析有利于提升收入、降低成本，增强公司的盈利能力。

现金流是铁路运输企业生存与发展的基础。开展现金流质量分析可以有效地改善现金流管理，从而使铁路运输企业资金不足的状况有所改观。铁路运输企业的发展战略应当体现在其现金流结构上：在企业的发展战略阶段，一方面其经营活动净现金流要满足企业发展的需求；另一方面企业应当筹集足够的资金以支撑经营和投资活动，但要避免不当融资。

2）加强内部关联交易的成本效益分析

在资源配置过程中，围绕提高资源利用率、资产利用率、净资产收益率等目标，通过对铁路内部交易的调查研究，采集与分析有关成本数据，建立相关成本效益比较分析系统，着重研究降低交易成本、管理成本的途径和方式，为企业决策系统服务。

3）建立以战略分析为基础的财务分析体系

铁路产业处于快速发展过程中，作为网络型产业，铁路产业中长期发展规划势必影响到各个铁路运输企业未来的发展趋势、行业定位和行业地位。按照战略引领业务的发展，业务的发展影响财务结果的关系，需要建立由战略分析、会计分析、财务分析、财务预测四部分组成的完整财务分析体系，其逻辑是战略分析指导会计分析、财务分析以及财务预测。这种财务分析体系以战略为核心，能够进行战略实施绩效的评价，帮助管理者进行资源配置的优化，促进战略目标的实现。

4）使用以经济增加值（EVA）为核心的平衡计分卡进行综合绩效评价

铁路运输企业业绩评价方法可以借助先进的绩效评价理论和方法。企业业绩的考核已经从传统的财务绩效考核发展到战略绩效考核。其主要方法包括 EVA 和平衡计分卡。将平衡计分卡和 EVA 引入财务绩效评价，能够满足铁路企业战略目标的落实需求，能够对铁路运输企业的可持续发展和价值增值产生有效的引导作用，通过该指标体系将国铁集团、铁路局、站段和每名职工的努力方向引向一致，从而较好地解决当前存在的一些问题。

EVA 的经济含义是扣除所有的资本成本（包括股权资本成本和债务资本成本）之后的税后净经营利润。自 2010 年 1 月 1 日开始实施的《中央企业负责人经营业绩考核暂行办法》（以下简称《办法》）最大的亮点就是用 EVA 而不再是净资产收益率来作为业绩考核的指标。这表明在央企由战略管理转变为价值管理的过程当中，央企考核的指标不再仅仅是利润了。在铁路快速发展、拓展多元化融资渠道的形势下，应用 EVA 是发展铁路资本市场开展融资的需要。长期以来，铁路企业由于人员多、包袱重，管理手段落后，投入产出比率低，同其他国有企业一样，始终甩不掉效率低下的帽子。而 EVA 已帮助西门子、索尼、可口可乐、莱利制药、麦德隆等全球企业提高业绩。实行 EVA 机制的企业可以从内部提高企业的信誉度。在 EVA 评价体系下，不仅管理者的可信任度会随着管理层激励效果的改善而提高，而且投资者也会由此增加对企业业绩的信任。因此，美国企业的股价总是能在实施 EVA 体系后立即上升。EVA 的这种贡献对我国铁路企业也有同样的意义。

平衡计分卡理论分别从财务、内部流程、客户、学习与增长四个视角，将战略目标的制订、执行和落实形成一个有效闭环。

利用此逻辑框架来制订铁路运输企业的工作规划，有利于铁路运输企业理顺经营工作思路，不仅可以实现长期目标与短期目标有效结合，结果与过程相结合，而且能有效促进重点工作与统筹协调发展相结合。平衡计分卡能够提高战略执行力，能够有效促进铁路运输企业经营管理工作的落实。利用结果与动因指标，能解决经营业绩评价只重结果、忽视过程的不足。平衡计分卡的动因指标大多是过程性指标，它们反映了铁路各个生产环节和各个岗位如何为企业发展做贡献。通过将企业的战略化为具体的行动方案，注重组织合力的创造以及对工作结果的科学评价，一是能够有效地促进管理者和各级员工明确岗位职责、把握发展方向、廓清工作思路、为了目标努力工作；二是可以对生产经营情况实时监控，把评价融入日常工作，随时纠正执行中的偏差，使所有工作朝着目标迈进，从而提升企业战略执行力；三是利用财务与非财务方面的指标，可使铁路基层站段的管理者更加有效地利用运输资源，提高运输的经济效率，顺应市场经济发展的需要，从而获得竞争优势。平衡计分卡注重均衡、协调、统筹的理念，评价指标更全面，评价方法更科学，有利于出资人对经营者实施评价，因为它详细地描述了企业的工作重点、评价指标和目标值，为全面、客观、公正、准确地评价经营者的业绩提供了明确依据。

另外，以往外界对于铁路运输企业效益的评价都不是很高，尤其是指经济效益。由于铁路运输企业长期处于国家扶植发展的情况下，铁路运输企业背负大量的债务，还存在成本高、收入较少、盈利几乎为负的情况，这就使得外界形成铁路运输企业效益差的印象。但同时，铁路运输企业承担了大量的公益性职能，其社会效益和环境效益往往是被人们所忽视的。基于经济效益、社会效益和环境效益这三个维度，结合其产业特性和生产经营特点设计评价指标和评价标准，对铁路运输企业综合效益进行评估，能够更加客观地评价铁路运输企业对社会的总体影响。

综合而言，EVA 是衡量业绩最准确的尺度，以 EVA 为核心，企业可以构建一个比较全面的财务管理体系。然而 EVA 也有其固有缺陷，主要表现为以下三个方面。

（1）EVA 虽可较好地约束管理者忽略研发投入等短视化行为，但因其原理本身的短期化，导致其不可避免地难以约束管理者的长期性利益谋划行为，因而不利于股东长期利益的最大化。

（2）EVA作为一种短期性的业绩评价指标，无法预测公司的未来经营对市场的反应。

（3）EVA 没有考虑非财务信息。而平衡计分卡恰好能够克服这些缺点。因此，将两者结合，构建以 EVA 为核心的平衡计分卡业绩评价体系，有利于解决铁路业绩考核重利润轻价值创造、重结果轻过程的问题，忽视员工满意度评价的问题，减少盈余管理的动因，使得铁路企业业绩考核更加科学，并与企业各项管理形成一个以价值为导向的闭环管理体系。在平衡计分卡体系中，还可以融入社会绩效与环境绩效维度，从而实现对铁路运输企业的综合评价。

三、建立会计信息质量卓越管理体系

铁路运输企业会计信息质量具有广泛的经济和社会后果，它既影响到内部管理决策，又影响到外部信息使用者对企业的评价和经济决策。在铁路运输企业不断深化市场化改革，致力于产权结构的多元化进程中，高质量的会计信息有利于增强投资人、债权人、社会公众对企业的信赖，并对企业的价值和绩效做出全面、客观的评价。内部控制理论与质量管理理论的发展为铁路运输企业会计信息质量的提升和维护提供了必要的管理手段。因此，铁路运输企业需要整合这些理论，构建铁路运输会计信息质量的管理体系。

会计信息质量作为铁路运输企业会计活动的成果，可以借鉴卓越质量评价体系的七个类目构建铁路运输会计信息质量管理体系，七大部分之间的关系如图 9－1 所示。

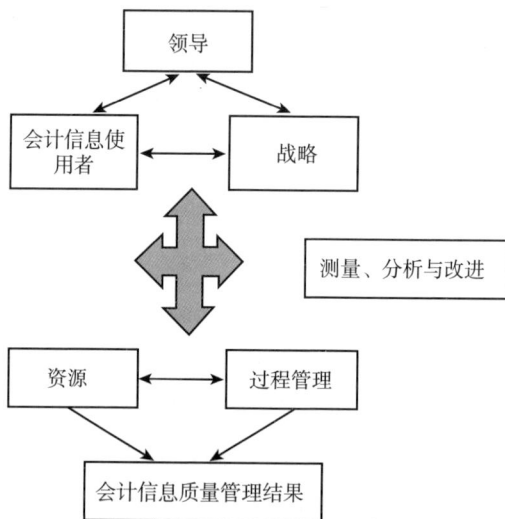

图 9－1　铁路运输会计信息质量卓越管理体系

其中，领导、战略和信息使用者代表着"领导三元组"，是质量管理的转动轮；"资源、过程管理和管理结果"代表着"结果三元组"，是质量管理的转动轮；"测量、分析与改进"连接着领导三元组和结果三元组，是链条。系统各部分之间不是孤立存在的，而是关联互动的有机组合。具体各部分含义如下：

（1）领导。这一类目审查铁路运输企业如何确立会计信息质量价值观、发展方向和绩效目标，如何关注会计信息使用者的需求和期望、营造授权、主动参与、创新、快速反应和学习等方面的会计环境，以及如何进行企业组织的治理，评审企业会计信息质量的绩效、履行社会责任。

（2）战略。这一类目评审铁路运输企业如何制定会计信息质量战略目标和战略规划，以及战略部署和对其情况的跟踪。

（3）会计信息使用者。这一类目审察铁路运输企业如何确定会计信息使用者的需求、期望，如何建立良好的沟通关系，确定影响、保持信息使用者满意、忠诚的关键因素。

（4）资源。这一类目考察铁路运输企业如何为确保会计信息质量战略规划和目标的实现、为价值创造过程和支持性过程以及持续改进和创新提供必需的资源，包括人力资源及财务、基础设施、相关方关系、技术、信息等其他资源。

（5）过程管理。这一类目涵盖了所有会计信息收集、加工、披露的主要过程，需要建立健全各项内部控制。目的在于确保会计信息战略目标和战略规划的落实，从风险识别过程开始确定对控制过程的要求，并依据该要求进行设计，有效和高效地实施控制过程，对控制过程进行持续改进、创新并共享成果。

铁路运输企业生产经营过程中面临着各种内部和外部风险，内部风险包括生产安全风险、经营风险、财务风险、人事风险、组织与管理风险等；外部风险包括顾客风险、竞争对手风险、政治环境风险、法律环境风险、经济环境风险等。这些风险会直接或间接影响会计活动，进而影响会计信息质量。铁路运输企业会计生产过程复杂，需要识别会计信息收集、加工和披露过程中关键风险点和关键管控环节，运用内部控制手段予以控制。目前，铁路运输企业的风险控制体系相对不健全，风险管理不成熟，需要在建立综合风险管理控制部门的同时，在各部门日常工作中融入风险控制，建立风险信息收集、处理机制。此外，铁路运输企业需要开展内部控制制度审计，评价内控制度的健全性和有效性，为改进控制服务。

（6）测量、分析与改进。这一类目考察铁路运输企业确定选择、收集、分析和管理数据、信息和知识的方法，充分灵活使用数据信息、信息和知识，改进会计信息质量活动的绩效。

（7）会计信息质量管理结果。这一类目评审铁路运输企业对主要信息质量方面的绩效进行评价和改进，包括信息使用者满意程度和忠诚度、会计信息质量合规性、决策有用性等结果。

综上所述，建立这一管理体系，应该加强会计信息质量对铁路运输企业绩效的增值和贡献，强调以会计信息使用者为中心的理念，企业的会计活动和相关管理过程就是为会计信息使用者创造价值的过程。会计信息加工和管理的过程应该充分借鉴内部控制理论，加强风险评估、关键环节控制以及内部审计监督。为了实现过程管理必须配置人力、财力和物力资源，并对资源运用和会计信息质量管理结果进行定期评价和改进。

四、会计分级核算与集中核算相结合

目前，在实行国铁集团、铁路局、站段三级垂直管理模式下，无论路网性业务还是旅客运输、货物运业务的会计核算都采用了分级核算制度。分级核算制是指在一个铁路运输企业范围内进行分层级核算，即将铁路运输企业作为一个完整的经济核算单位，企业内的下级单位（基层站段）实行内部核算。如一个铁路局发生的全部经济业务，不是全部集中在铁路局记账，而是由铁路局和所属基层站段分别核算。其中，站段作为铁路运输企业最主要的生产经营单位，其各项业务的发生构成了铁路原始经济数据形成的起点，作为成本中心和基层会计主体，其会计信息流程是基础会计数据的采集、加工和处理、编制站段财务报表上报铁路局的过程；铁路局作为独立法人和核算单位，路局机关主要承担对全局包括站段的管理职能，其会计信息流是审核和接受站段财务报告，并进行全局财务报告的汇总、合并，形成整个路局的财务报告对国铁集团进行报送；国铁集团主要职能是铁路行业管理和统一指挥调度，其会计信息流主要是审核和接受各路局上报来的财务报告，通过再次汇总、合并进行铁路运输系统整体核算，形成铁路运输全行业财务报告。

这种核算模式比较适合独立性比较强的业务，如客运、货运业务。每个铁路局的客运、货运业务具有一定的独立性和竞争性，资产也相对独立，并具有较强的流动性，因此，实行分级核算，由资产实际占有和使用单位来进行会计核算，有利于加强内部控制，提高会计信息的真实性、相关性。而对于路网性业务来说，实行国铁集团集中会计核算会更加适当。由于路网是铁路运输的基础设施，具有排他性，路网的质量会对运输的安全性和生产效率产生重要影响。集中会计核算有利于提高会计信息的完整性和准确性，有利于路网的维护与管理。因此，建议铁路区分业务性质，采取会计分级核算与集中核算相结合的会计核算模式。

第三节　不足与展望

由于受到研究水平、资料获取以及时间的局限，本书还存在以下几方面的不足，有待日后进一步改进。

（1）样本企业会计信息质量的评价结果在一定程度上可以证明该评价体系的科学性，以及综合模糊评价法的可行性。在实践当中，为了保证该评价指标体系的效果，需要注意以下两点：站在会计信息生成的整个流程角度，考虑其中的方方面面；在选择评价专家的时候，除了要考虑合适的人数，还要将范围扩展到会计信息生成过程的各个领域，并分别赋予权重。

（2）由于目前铁路运输企业上市公司数量很少，难以获取完整的会计资料，无法采用更多实证方法，运用资本市场数据进行会计信息质量评价、会计信息质量影响因素和后果的研究，在研究方法上受到局限。

（3）对铁路运输企业会计信息质量的问题分析、诊断和解决，主要依靠文献阅读、访谈和理论分析的方法，未能采取测试和现场观察的方式，因此，本书结论的可靠性会受到一定影响。

（4）铁路运输企业生产环节和经济管理活动比较复杂，规模庞大、内部单位众多，影响会计信息质量的因素众多，本书未能对企业所有部门、活动和管理体制进行深入细致的研究。而铁路运输企业管理体制改革、各项管理活动的改进和创新、全面风险管理体系的建立和健全都会对会计信息质量的治理产生影响。铁路运输企业会计信息治理的优化是一个动态和持续的研究过程。

参 考 文 献

[1] AAA. A Statement of Basic Accounting Theory [R] . 1966.

[2] ABARBANELL J S, BUSHEE B J. Fundamental analysis, future earnings, and stock prices [J] . Journal of accounting research, 1997: 1 - 24.

[3] AICPA. Improving business reporting: a customer focus [R] . 1994.

[4] ALTHUR LEVITT. The lifeblood of our markets: quality information [EB/OL] . https: //www. sec. gov/news/speech/speecharchive/ 1999/spch304. htm.

[5] ARTHUR LEVITT. The importance of high quality standards [J] . Accounting horizons, 1998.

[6] ARTHUR LEVITT. The importance of high quality standards [J] . Accounting review, 83: 217 - 250.

[7] ASHBAUGH-SKAIFE H, COLLINS D W, KINNEY W R, et al. The effect of sox internal control deficiencies and their remediation on accrual quality [J] . Accounting review, 2008, 83 (1): 217 - 250.

[8] ASP. Statement of principles for financial reporting [EB/OL] . https: //www. doc88. com/p - 773875618295. html.

[9] BALL R, SHIVAKUMAR L. Earnings quality in U. K. private firms [J]. Journal of accounting and economics, 2005, 39 (1): 83 – 128.

[10] BALL R, BROWN P. An empirical evaluation of accounting income numbers [J]. Journal of accounting research, 1968 (6): 159 – 178.

[11] BALL R, BROWN P. Some preliminary findings on the association between the earnings of a firm, its industry, and the economy [J]. Journal of accounting research, 1967 (5): 55 – 80.

[12] WAYMIRE B G. Investor protection under unregulated financial reporting [J]. Journal of accounting and economics, 2004.

[13] BEASLEY MARK S. An empirical analysis of the relation between board of director composition and financial statement fraud [J]. The accounting review, 1996 (10): 443 – 465.

[14] BEATTY A, RAMESH K, WEBER J. The importance of accounting changes in debt contracts: the cost of flexibility in covenant [J]. Journal of accounting and economics, 2002, 1 (33): 205 – 227.

[15] BEGLEY J, FELTHAM G A. The relation between market values, earnings forcasts, and reported earnings [J]. Contemporary accounting research, 2000: 1 – 48.

[16] BERNARD L, STOBER T. The nature and amount of information in cash flows and accruals [J]. Accounting review, 1989, 10: 624 – 652.

[17] BERNARD V L. Accounting-based valuation methods, determiants of market-to-book ratios, and implications for financial statement analysis [J]. 1994.

[18] BERNARD V L. The feltham-ohlson framework: implications for empiricists [J]. Contemporary accounting research, 1995, 11: 733 – 747.

[19] BOTOSAN C. A disclosure level and the cost of equity capital [J]. Accounting review, 1997.

[20] BURGSTAHLER D, DICHEV I. Earnings management to avoid earnings decrease and loses [J]. Journal of accounting and economics, 1997.

[21] COPELAND T E, KOLLER T, MURRIN J. Valuation: measuring and managing the value of companies [J]. Journal of finance, 1994, 46 (1): 35 – 54.

[22] DEANGELO L. Accounting numbers are as market valuation substitutes: a study of management buyouts of public stockholders [J]. Accounting review, 1986.

[23] DECHOW P, DICHEV I. The quality of accruals and earnings: the role of accrual estimation errors [J]. Accounting review, 2002.

[24] DECHOW P, SLOAN R G, HUTTON A P. Detecting earnings management [J]. Social science electronic publishing.

[25] DECHOW P M, HUTTON A P, SLOAN R G. An empirical assessment of the residual income valuation model [J]. Journal of accounting and economics, 1999: 1 – 34.

[26] PATEL J, DEGEORGE F, ZECKHAUSER R. Earnings management to exceed thresholds [J]. Journal of business, 1999, 72 (1): 1 – 33.

[27] DOYLE J T, GE W, MCVAY S. Accruals quality and internal control over financial reporting [J]. Accounting review, 2007, 82 (5): 1141 – 1170.

[28] DOYLE J, GE W, MCVAY S. Determinants of weaknesses in internal control over financial reporting [J]. Journal of accounting and economics, 2007, 44 (1-2): 193-223.

[29] IMHOFF E A. Accounting quality, auditing, and corporate governance [J]. Accounting horizons, 2003: 117-128.

[30] FASB. Preliminary views: conceptual framework for financial reporting: objective of financial reporting and qualitative characteristics of decision-useful financial reporting information. 2006 (7): OB2-9.

[31] FASB. Preliminary views: conceptual framework for financial reporting: objective of financial reporting and qualitative characteristics of decision-useful financial reporting information. 2006 (7): QC7.

[32] FASB. Qualitative characteristics of accounting information. SFAC No.2, 1980.

[33] MARINA, FISCHER-KOWALSKI, WALTER, et al. Society's metabolism: the intellectual history of material flows analysis [J]. Journal of industrial ecology, 1998, 2 (1): 61-78.

[34] FRANCIS, JENNIFER, OLSSON, et al. Comparing the accuracy and explainability of dividend, free cash flow, and abnormal earnings equity value estimates. [J]. Journal of accounting research, 2000, 38: 45-70.

[35] RF A, CMCL B. Accounting valuation, market expectation, and cross-sectional stock returns [J]. Journal of accounting and economics, 1998, 25 (3): 283-319.

[36] GLUCH P, BAUMANN H. The life cycle costing (LCC) approach: a conceptual discussion of its usefulness for environmental decision-making [J]. Building and environment, 2004, 39 (5):

571 - 580.

[37] HENDRICKSON C T, HORVATH A, JOSHI S, et al. Economic input-output models for environmental life-cycle assessment [J] . Environmental science and technology, 1998, 184 (7): 184 - 191.

[38] IASB. Discussion Paper Preliminary Views on Financial Statement Presentation, 2008. www. Iasb. org.

[39] IMHOFF E, LOBO G. The effect of ex ante earnings uncertainty on earnings response coefficients [J] . Accounting review, 1992 (67): 427 - 439.

[40] International integrated reporting coucil (IIRC) . International < IR > Framework, 2013.

[41] ANDERSEN J P, HYMAN B. Energy and material flow models for the US steel industry [J] . Energy, 2001, 26 (2): 137 - 159.

[42] JENSON M C. Value maximization, stakeholder theory and the corporate objective function [J] . European financial management, 2001, 7 (3): 297 - 317.

[43] KIRSCHENHEITER M, MELUMAD N. Can "big bath" and earnings smoothing co-exist as equilibrium financial reporting strategies? [J] . Journal of accounting research, 2002 (40): 761 - 796.

[44] CHRISTIAN LEUZ, FELIX OBERHOLZER-GEE. Political relationships, global financing, and corporate transparency: evidence from Indonesia [J] . Journal of financial economics, 2006 (81): 411 - 439.

[45] LITTLETON A C. Structure of accounting theory [M] . American Accounting Association, 1953.

［46］ LUNDHOLM J. A tutorial on the ohlson and feltham/ohlson models: answers to some frequently asked questions ［J］. Contemporary accounting research, 1995, 11 (2): 749 - 761.

［47］ STROBLE M. Material flow cost accounting. Eco-efficient controlling of material and energy flows ［J］. University of Augsburg, 2002.

［48］ NICHOLAS, DOPUCH. Discussion of an empirical test of the relevance of accounting information for investment decisions ［J］. Journal of accounting research, 1971 (9): 1 - 31.

［49］ MCCARTHY M G, SCHNEIDER D K. Market perception of goodwill: some empirical evidence ［J］. Accounting and business research, 1995, 26 (1): 69 - 81.

［50］ MICHAEL PORTER. 竞争优势 ［M］. 陈丽芳, 译. 北京: 中信出版社, 2014.

［51］ ARMSTRONG C, GLAESER S, KEPLER J D. Accounting quality and the transmission of monetary policy ［J］. Social science electronic publishing, 2017.

［52］ MORCK R, YEUNG B Y. Family control and the rent-seeking society ［J］. Social science electronic publishing, 2004, 28 (4): 391 - 409.

［53］ OHLSON J. Earnings, book value and dividends in equity valuation ［J］. Contemporary accounting research, 1995: 661 - 687.

［54］ DECHOW P, GE W, SCHRAND C. Understanding earnings quality: a review of the proxies, their determinants and their consequences ［J］. SSRN electronic journal, 2010, 50 (2 - 3): 344 - 401.

［55］ CHANEY P K, FACCIO M, PARSLEY D. The quality of accounting information in politically connected firms ［J］.

SSRN electronic journal, 2010, 51 (1): 58-76.

[56] PENMAN S H, SOUGIANNIS T. A comparison of dividend, cash flow, and earnings approaches to equity valuation [J]. Contemporary accounting research, 1998, 15 (3): 343-383.

[57] 彼得·海因斯, 理查德·拉明, 丹尼尔·琼斯, 等. 价值流管理: 供应链战略与优化 [M]. 施昌奎, 凌宁, 译. 北京: 经济管理出版社, 2011.

[58] BRADBURD R. Privati zation of natural mono poly publie enterprises: the regulation issue [J]. WilliamsCollege, 1992.

[59] ROSS L W, JEROLD L Z. 实证会计理论 [M]. 陈少华, 黄世忠, 陈光, 等译. 大连: 东北财经大学出版社, 2006.

[60] ANDERSON S W. Managing costs and cost structure throughout the value chain: research on strategic cost management [J]. Social science electronic publishing, 2005, 2 (6): 481-506.

[61] WALLMAN S M H. The future of accounting and disclosure in an evolving world: the need for dramatic change [J]. Accounting horizon, 1995, 3 (9): 81-91.

[62] WALLACE J S. Value maximization and stakeholder theory: compatible or not? [J]. Journal of applied corporate finance, 2003, 15 (3): 120-127.

[63] WALLMAN S. The future of accounting and financial reporting part II: the colorized approach [J]. Accounting horizon, 1996, 10 (2): 138-148.

[64] WATTS R L. Conservatism in accounting part II: evidence and research opportunities [J]. Accounting horizon, 2003, 17 (4): 287-301.

[65] SHARKEY W W. The theory of natural monopoly [M]. Columbia University Press, 1982.

[66] WRIGHT D W. Evidence on the relation between corporate governance characteristics and the quality of financial reporting [J]. SSRN electronic journal, 1996.

[67] ZHOU S, ZHANG Q, WU X. A new pricing model of China's parallel rail lines under the diversified property rights [J]. Journal of industrial engineering and management, 2013, 6 (1): 135 - 148.

[68] 肖序, 金友良. 论资源价值流会计的构建: 以流程制造企业循环经济为例. 财经研究, 2008 (10): 122 - 132.

[69] 肖序, 熊菲. 循环经济价值流分析的理论与方法体系 [J]. 系统工程, 2010, 204 (12): 64 - 68.

[70] 肖序, 刘三红. 基于"元素流-价值流"分析的环境管理会计研究 [J]. 会计研究, 2014 (3): 79 - 87.

[71] 谢志明, 易玄. 循环经济价值流研究综述 [J]. 山东社会科学, 2008 (9): 66 - 68.

[72] 魏明海, 陈胜蓝, 黎文靖. 投资者保护研究综述: 财务会计信息的作用 [J]. 中国会计评论, 2007, 5 (1): 131 - 144.

[73] 魏明海, 刘峰, 施鲲翔. 论会计透明度 [J]. 会计研究, 2001 (9): 16 - 20.

[74] 魏明海. 会计信息质量经验研究的完善与运用 [J]. 会计研究, 2005 (3): 28 - 35.

[75] 魏明海. 拓展会计的治理角色 [J]. 财务与会计, 2015, 20 (500): 30.

[76] 陆正飞, 叶康涛. 产权保护导向的会计研究: 新近研究回顾 [J]. 中国会计评论, 2007, 5 (1): 113 - 123.

[77] 陆正飞, 祝继高, 刘婧. 会计信息与债权人保护: 理论分析、经验证据及案例 [J]. 会计之友, 2008 (3): 4 - 6.

[78] 巴金亮. 铁路运输企业会计信息质量研究 [J]. 北方经贸,

2013（8）：115-116.

[79] 柏子敏．提高会计信息质量的理性思考：一般框架分析
[J]．经济问题，2007（1）：111-113.

[80] 鲍春．关于我国铁路会计信息系统发展问题研究［J］．财
经界（学术版），2009（9）：136.

[81] 曹越，伍中信．产权保护、公允价值与改革［J］．会计研
究，2009（2）：28-34.

[82] 陈文．铁路运输收入的管理与铁路经济效益的关系［J］．
财经界（学术版），2011（12）：4-6.

[83] 陈毓圭．会计目标，会计研究文库：会计基本假设与会计
目标［M］．大连：大连出版社，2005.

[84] 邓东伟．电力上市公司的公司治理结构与会计信息质量
［J］．中国外资，2011（250）：128-130.

[85] 邓寄秋．加强铁路运输企业内部控制，提高会计信息质量
［J］．现代经济信息，2011：150-151.

[86] 邓刘欢．电力会计监管问题与对策研究［J］．中国集体经
济，2014（21）：115-116.

[87] 杜兴强，赵景文，等．财务会计信息与公司治理［M］．大
连：东北财经大学出版社，2008.

[88] 冯凌．税改后铁路运输收入管理工作的思考［J］．上海铁
道科技，2014（6）：12-17.

[89] 高红．对铁路运输企业会计信息质量的探究［J］．企业研
究，2014（4）：65-66.

[90] 葛家澍．试评 IASB/FASB 联合概念框架的某些改进：截至
2008 年 10 月 16 日的进展［J］．会计研究，2009（4）：
3-11.

[91] 郭道扬．论产权会计观与产权会计变革［J］．会计研究，
2004（2）：8-1.

［92］郭鹏．影响运输财务清算统计指标质量的因素分析及建议
［J］．西铁科技，2008（3）：20－22.

［93］韩绍勇．关于铁路企业执行新会计准则后固定资产核算政
策的分析［J］．名企理财，2009（12）：55－56.

［94］韩士专，杜丽慧．美国四大铁路公司财务分析与启示［J］．
华东交通大学学报，2016（1）：23－27.

［95］胡浩志，吴梦娇．资产专用性的度量研究［J］．中南财经
政法大学学报，2013（1）：38－46.

［96］黄欣．通信业会计信息质量的现状和解决对策［J］．现代
经济信息，2012（11）：215.

［97］蒋艳．资产专用性与会计稳健性［J］．华东经济管理，
2012（12）：61－66.

［98］蒋瑜峰，袁建国．会计信息质量评价：综述与展望［J］．
财会通讯，2010（2）：103－106.

［99］焦叔斌．卓越绩效评价准则［M］．北京：中国人民大学出
版社，2005.

［100］李丽青，师萍．企业会计信息质量测度指标体系及综合评
价［J］．太原理工大学学报，2005，23（3）：52－56.

［101］李琴，李文耀．上市公司会计信息质量实证研究综述［J］．
财会通讯：综合，2011（4）：41－43.

［102］李青原．会计信息质量与公司资本配置效率：来自我国上
市公司的经验证据［J］．南开管理评论，2009（12）：
115－124.

［103］林钟高，吴利娟．公司治理与会计信息质量的相关性研究
［J］．会计研究，2004（8）：68－71.

［104］刘军．中国合资铁路公司财务管理专题研究［M］．北京：
中国经济出版社，2014（6）：3－7.

［105］刘晓娟．铁路货运收入清算的策略探讨［J］．经营管理

者，2014（1）：3－7.

[106] 吕晋慧，徐德生．影响交通运输行业信息披露质量的因素研究：基于深交所 2001—2012 年经验数据［J］．价值工程，2015（1）：7－10.

[107] 马晓飞，王欣．中国铁路运输收入清算问题的市场化改革研究［J］．理论月刊，2015（4）：24－27.

[108] 聂顺江．多层次受托人控制的会计信息质量劣化效应［J］．中国注册会计师，2005（2）：66－69.

[109] 沈洪涛．公司社会责任和环境会计的目标与理论基础：国外研究综述［J］．会计研究，2010（3）：86－92.

[110] 师萍．企业会计信息质量评价模式探析［J］．西北大学学报（哲学社会科学版），2002，32（2）：43－46.

[111] 施惠丽．通信行业会计信息质量检查六关注［J］．财政监督，2014（10）：41.

[112] 孙铮，刘凤委，汪辉．债务、公司治理与会计稳健性［J］．中国会计与财务研究，2005，7（2）：112－173.

[113] 汪伟民．基于经营效益理论的铁路收入内部控制研究［J］．中小企业管理与科技（上旬版），2014（9）：13－15.

[114] 汪炜，蒋高峰．信息披露、透明度资本成本［J］．经济研究，2004（7）：107－114.

[115] WANG H C，LIU T L，LU C. Corporate governance and earnings quality：an empirical study based on Chinese listed companies［J］．China soft science，2007，17（11）：122－128.

[116] 李薇．公司信息透明度与大股东资金占用研究［D］．吉林：吉林大学，2007.

[117] 王文峰．基于内部控制环境优化的会计信息质量提高途径分析［J］．会计论坛，2010（8）：40－41.

[118] 王跃堂，朱林，陈世敏．董事会独立性、股权制衡与财务

信息质量 [J]. 会计研究, 2008 (1): 55－62.

[119] 王竹泉, SECORD P. 会计信息披露的外部性与会计信息质量: 基于利益相关者的视角 [C] // 第八届会计与财务问题国际研讨会, 2008.

[120] 魏际刚. 新时期深化铁路体制改革思路 [J]. 中国经济时报, 2016 (1): 15－18.

[121] 温青山, 何涛, 等. 基于财务分析视角的改进财务报表列报效果: 来自中石油和中石化的实例检验 [J]. 会计研究, 2009 (10): 10－17.

[122] 吴荣胜, 肖红. 企业资产专用性对资本结构的影响分析 [J]. 经济与管理研究, 2010 (5).

[123] 伍中信, 张荣武, 曹越. 产权范式的会计研究回顾与展望 [J]. 会计研究, 2006 (7): 83－90.

[124] 杨菁侠. 论货运改革对铁路运输收入的作用 [J]. 北方经贸, 2014 (11): 28－31.

[125] 袁建国, 栾盛元, 白平. 国外会计信息质量理论研究综述与展望 [J]. 国外社会科学, 2011 (6): 5.

[126] 袁梦博. 新准则下资产减值对会计信息质量影响的实证研究 [J]. 财政部财政科学研究所, 2012.

[127] 张爱梅. 铁路货物运输收入清算有关问题的分析和思考 [J]. 上海铁道科技, 2011 (2): 12－13.

[128] 张东风, 刘敏, 张东红. 卓越绩效管理范式探析 [J]. 经济论坛, 2009 (10): 91－93.

[129] 赵涛, 赵双记, 林涛. 基于社会效应角度的元素流动态管理研究 [J]. 科学技术与工程, 2012, 20 (13): 3174－3179.

[130] 郑凡伟. 从控股股东视角谈国有铁路与合资铁路的关联交易 [J]. 海峡科学, 2009.

[131] 郑振龙, 杨伟. 信息风险与资产定价研究述评 [J]. 经济

学动态, 2009 (7): 129-133.

[132] 荣朝和, 张梦龙. 铁路改革必须重视相应产权关系的重构
[J]. 北京交通大学学报 (社会科学版), 2012, 11 (2):
1-7.

[133] 祝祖强. 铁路运输收入清算制度变迁的经济学分析 [J].
数量经济与技术经济研究, 2003 (11): 46-49.

[134] 曹巍, 金珺. 基于主成分分析法的企业会计信息质量评价
研究 [J]. 会计之友, 2014 (21): 25-27.

[135] 王小娟, 万映红. 大数据下企业会计信息质量评价指标体
系的构建: 基于模糊综合评价方法的研究 [J]. 财会月
刊, 2015 (14): 74-77.

[136] 孙凡, 郑济孝. 基于 "互联网 +" 的上市公司会计信息质
量智能评估研究 [J]. 会计研究, 2018 (3): 86-90.

[137] 潘红波, 余明桂. 目标公司会计信息质量、产权性质与并
购绩效 [J]. 金融研究, 2014 (7): 140-153.

[138] 李荣, 王瑜, 陆正飞. 互联网商业模式影响上市公司盈余
质量吗: 来自中国证券市场的经验证据 [J]. 会计研究,
2020 (10): 66-81.

[139] 韩美妮, 王福胜. 会计信息质量对技术创新价值效应的影
响研究 [J]. 管理评论, 2016, 28 (10): 97-110.

[140] 黎来芳, 张伟华, 陆琪睿. 会计信息质量对民营企业债务
融资方式的影响研究: 基于货币政策的视角 [J]. 会计
研究, 2018 (4): 66-72.